杂忆与杂写

一九三三——一九九一

杨绛 著

生活·讀書·新知 三联书店

图书在版编目（CIP）数据

杂忆与杂写：一九三三——一九九一/杨绛著. —北京：
生活·读书·新知三联书店，2015.4　（2017.11重印）
ISBN 978-7-108-05174-5

Ⅰ．①杂…　Ⅱ．①杨…　Ⅲ．①散文集－中国－当代
Ⅳ．① I267

中国版本图书馆 CIP 数据核字（2014）第 259634 号

责任编辑　冯金红
装帧设计　蔡立国
责任印制　宋　家
出版发行　**生活·讀書·新知** 三联书店
　　　　　（北京市东城区美术馆东街 22 号　100010）
网　　址　www.sdxjpc.com
经　　销　新华书店
印　　刷　河北鹏润印刷有限公司
版　　次　2015 年 4 月北京第 1 版
　　　　　2017 年 11 月北京第 6 次印刷
开　　本　787 毫米 × 1092 毫米　1/32　印张 7.875
字　　数　135 千字
印　　数　48,001 - 58,000 册
定　　价　36.00 元
（印装查询：01064002715；邮购查询：01084010542）

作者一九三四年摄于
北京。

作者一九三二年与
好友蒋恩钿摄于清华
大学。

作者与钱锺书一九三六年摄于牛津大学公园。

作者一九八九年冬与钱锺书在北京三里河宿舍院中散步。

《杂忆与杂写》书影，
三联书店1994年初版（上左）、
1999年2版（上右）和2010年
新版（下）。

目录

自 序

我近来常想起十九世纪英国诗人蓝德（W. S. LANDOR）的几行诗：

> 我双手烤着
>
> 　　生命之火取暖；
>
> 火萎了，
>
> 　　我也准备走了。

因此我把抽屉里的稿子整理一下，汇成一集。

第一部分是怀人忆旧之作。怀念的人，从极亲到极疏；追忆的事，从感我至深到漠不关心。我怀念的人还很多，追忆的事也不少，所记零碎不全。除了特约的三篇，都是兴来便写，不循先后。长长短短，共一十六篇，依写作年月为序。其中六篇曾在报刊发表。

第二部分从遗弃的旧稿里拾取。有些旧稿已遗忘多年，近被人发掘出三数篇，我又自动拣出几篇，修修改改，聊凑七篇，篇目依内容性质排列。

"楔子"原是小说的引端，既无下文，便成弃物。我把"楔子"系在末尾，表示此心不死，留着些有余不尽吧。

马文蔚同志为我细看全稿，提出中肯的意见。栾贵明同志不厌其烦地帮我整理。我谨向他们致以衷心的感谢。

一九九一年五月

第一部分　忆旧

老　王

　　我常坐老王的三轮。他登，我坐，一路上我们说着闲话。

　　据老王自己讲：北京解放后，登三轮的都组织起来；那时候他"脑袋慢"，"没绕过来"，"晚了一步"，就"进不去了"。他感叹自己"人老了，没用了"。老王常有失群落伍的惶恐，因为他是单干户。他靠着活命的只是一辆破旧的三轮车。他有个哥哥死了，有两个侄儿"没出息"，此外就没什么亲人。

　　老王不仅老，他只有一只眼，另一只是"田螺眼"，瞎的。乘客不愿坐他的车，怕他看不清，撞了什么。有人说，这老光棍大约年轻时候不老实，害了什么恶病，瞎掉一只眼。他那只好眼也有病，天黑了就看不见。有一次，他撞在电杆上，撞得半面肿胀，又青又紫。那时候我们在干校，我女儿说他是夜盲症，给他吃了大瓶的鱼肝油，晚上就看得见了。他也许是从小营养不良而瞎了一眼，也许是得了恶病，反正同是不幸，而后者该是更深的不幸。

有一天傍晚，我们夫妇散步，经过一个荒僻的小胡同，看见一个破破落落的大院，里面有几间塌败的小屋；老王正登着他那辆三轮进大院去。后来我坐着老王的车和他闲聊的时候，问起那里是不是他的家。他说，住那儿多年了。

有一年夏天，老王给我们楼下人家送冰，愿意给我们家带送，车费减半。我们当然不要他减半收费。每天清晨，老王抱着冰上三楼，代我们放入冰箱。他送的冰比他前任送的大一倍，冰价相等。胡同口登三轮的我们大多熟识，老王是其中最老实的。他从没看透我们是好欺负的主顾，他大概压根儿没想到这点。

"文化大革命"开始，默存不知怎么的一条腿走不得路了。我代他请了假，烦老王送他上医院。我自己不敢乘三轮，挤公共汽车到医院门口等待。老王帮我把默存扶下车，却坚决不肯拿钱。他说："我送钱先生看病，不要钱。"我一定要给钱，他哑着嗓子悄悄问我："你还有钱吗？"我笑说有钱，他拿了钱却还不大放心。

我们从干校回来，载客三轮都取缔了。老王只好把他那辆三轮改成运货的平板三轮。他并没有力气运送什么货物。幸亏有一位老先生愿把自己降格为"货"，让老王运送。老王欣然在三轮平板的周围装上半寸高的边缘，好像有了这半寸边缘，乘客就围住了不会掉落。我问老王凭这位主顾，是否能维持生活。他说可以凑合。可是过些时老王病了，不知什么病，花钱吃了不知什么药，总不见好。开始几个月他还能扶病到我家来，以后只好托他同院的老李来代他传话了。

有一天，我在家听到打门，开门看见老王直僵僵地镶嵌在门框里。往常他坐在登三轮的座上，或抱着冰伛着身子进我家来，不显得那么高。也许他平时不那么瘦，也不那么直僵僵的。他面色死灰，两只眼上都结着一层翳，分不清哪一只瞎、哪一只不瞎。说得可笑些，他简直像棺材里倒出来的，就像我想象里的僵尸，骷髅上绷着一层枯黄的干皮，打上一棍就会散成一堆白骨。我吃惊说："啊呀，老王，你好些了吗？"

他"嗯"了一声，直着脚往里走，对我伸出两手。他一手提着个瓶子，一手提着一包东西。

我忙去接。瓶子里是香油，包裹里是鸡蛋。我记不清是十个还是二十个，因为在我记忆里多得数不完。我也记不起他是怎么说的，反正意思很明白，那是他送我们的。

我强笑说："老王，这么新鲜的大鸡蛋，都给我们吃？"

他只说："我不吃。"

我谢了他的好香油，谢了他的大鸡蛋，然后转身进屋去。他赶忙止住我说："我不是要钱。"

我也赶忙解释："我知道，我知道——不过你既然来了，就免得托人捎了。"

他也许觉得我这话有理，站着等我。

我把他包鸡蛋的一方灰不灰、蓝不蓝的方格子破布叠好还他。他一手拿着布，一手攥着钱，滞笨地转过身子。我忙去给他开了门，站在楼梯口，看他直着脚一级一级下楼去，直担心他半楼梯摔倒。等到听不见脚步声，我回屋才感到抱歉，没请他坐坐喝口茶水。可是我害怕得糊涂了。那直僵僵的身体好像不能坐，稍一弯曲就会散成一堆骨头。我不能想象他是怎么回家的。

过了十多天，我碰见老王同院的老李。我问："老王怎么了？好些没有？"

"早埋了。"

"呀，他什么时候……"

"什么时候死的？就是到您那儿的第二天。"

他还讲老王身上缠了多少尺全新的白布——因为老王是回民，埋在什么沟里。我也不懂，没多问。

我回家看着还没动用的那瓶香油和没吃完的鸡蛋，一再追忆老王和我对答的话，琢磨他是否知道我领受他的谢意。我想他是知道的。但不知为什么，每想起老王，总觉得心上不安。因为吃了他的香油和鸡蛋？因为他来表示感谢，我却拿钱去侮辱他？都不是。几年过去了，我渐渐明白：那是一个幸运的人对一个不幸者的愧怍。

一九八四年三月

林奶奶

　　林奶奶小我三岁，今年七十。十七年前，"文化大革命"的第二年，她忽到我家打门，问我用不用人。我说："不请人了，家务事自己都能干。"她叹气说："您自己都能，可我们吃什么饭呀？"她介绍自己是"给家家儿洗衣服的"。我就请她每星期来洗一次衣服。据我后来知道，她的"家家儿"包括很多人家。当时大家对保姆有戒心。有人只为保姆的一张大字报就给揪出来扫街的。林奶奶大咧咧的不理红卫兵的茬儿。她不肯胡说东家的坏话，大嚷"那哪儿成！我不能瞎说呀！"许多人家不敢找保姆，就请林奶奶去做零工。

　　我问林奶奶："干吗帮那么多人家？集中两三家，活儿不轻省些吗？"她说做零工"活着些"。这就是说：自由些，或主动些；干活儿瞧她高兴，不合意可以不干。比如说吧，某太太特难伺候，林奶奶白卖力气不讨好，反招了一顿没趣，气得她当场左右开弓，打了自己两个嘴巴子。这倒像旧式妇女不能打妯娌的孩子的屁股，就打自己孩子的屁股。不过林奶奶却是认真责怪自己。据说那位太太曾在林奶奶干活儿的时候，把钟拨慢"十好几分钟"（林奶奶是论时计工资的），和这种太太打什么交道呢！林奶奶和另一位太太也闹过别扭。她在那家院子里洗衣服。雨后满院积水。那家的孩子故意把污水往林奶奶身上溅。孩子的妈正在院子里站着，林奶奶跑去告状，那位太太不耐烦，一扭脖子说："活该！"气得林奶奶蹲下身掬起污水就往那位太太身上泼。我听了忍不住笑说："活该了！"不过林奶奶既然干了那一行，委屈是家常便饭，她一般是吃在肚里就罢了，并不随便告诉人。她有原则：不搬嘴弄舌。

她倒是不怕没主顾，因为她干活儿认真，衣服洗得干净；如果经手买什么东西，分文也不肯占人家的便宜。也许她称得上"清介"、"耿直"等美名，不过这种辞儿一般不用在渺小的人物身上。人家只说她"人靠得住，脾气可倔"。

她为了自卫，有时候像好斗的公鸡。一次我偶在胡同里碰见她端着一只空碗去打醋，我们俩就说着话同走。忽有个小学生闯过，把她的碗撞落地下，砸了。林奶奶一把揪住那孩子破口大骂。我说："孩子不是故意，碗砸了我赔你两只。"我又叫孩子向她道歉。她这才松了手气呼呼地跟我回家。我说："干吗生这么大气？"她说孩子们净跟她捣乱。

那个孩子虽不是故意，林奶奶的话却是真的。也许因为她穿得太破烂肮脏，像个叫化婆子。我猜想她年轻的时候相貌身材都不错呢。老来倒眉塌眼，有一副可怜相，可是笑起来还是和善可爱。她天天哈着腰坐在小矮凳上洗衣，一年来，一年去，背渐渐地弯得不肯再直，不到六十已经驼背；身上虽瘦，肚皮却大。其实那是虚有其表。只要掀开她的大襟，就知道衣下鼓鼓囊囊一大嘟噜是倒垂的裤腰。她系一条红裤带，六七寸高的裤腰有几层，有的往左歪，有的往右歪，有的往下倒。一重重的衣服都有小襟，小襟上都钉着口袋，一个、两个或三个：上一个，下一个，反面再一个，大小不等，颜色各别。衣袋深处装着她的家当：布票，粮票，油票，一角二角或一元二元或五元十元的钱。她分别放开，当然都有计较。我若给她些什么，得在她的袋口别上一二支大别针，或三支小的，才保住东西不外掉。

我曾问起她家的情况。林奶奶叙事全按古希腊悲剧的"从半中间起"；用的代名词很省，一个"他"字，同时代替男女老少不知多少人。我越听越糊涂，事情越问越复杂，只好"不求甚解"。比如她说："我们穷人家嘛，没钱娶媳妇儿，他哥儿俩吧，就合有一个嫂子。"我不知是同时还是先后合娶一个嫂子——好像是先后。我也不知"哥儿俩"是她的谁，反正不是她的丈夫，因为她只嫁过一个丈夫，早死了，她是青年守寡的。她伺候婆婆好多年，听她口气，对婆婆很有情谊。她有一子一女，都已成家。她把儿子栽培到高中毕业。女儿呢，据说是"他嫂子的，四岁没了妈，吃我的奶。"死了的嫂子大概是她的姊娌。她另外还有嫂子，不知是否"哥儿俩"合娶的，她曾托那嫂子给我做过一双棉鞋。

　　林奶奶得意扬扬抱了那双棉鞋来送我，一再强调鞋是按着我脚寸特制的。我恍惚记起她曾哄我让她量过脚寸。可是那双棉鞋显然是男鞋的尺码。我谢了她，领下礼物，等她走了，就让给默存穿。想不到非但他穿不下，连阿圆都穿不下。我自己一试，恰恰一脚，真是按着我脚寸特制的呢！那位嫂子准也按着林奶奶的嘱咐，把棉花絮得厚厚的，比平常的棉鞋厚三五倍不止。簇新的白布包底，用麻线纳得密密麻麻，比牛皮底还硬。我双脚穿上新鞋，就像猩猩穿上木屐，行动不得；稳重地站着，两脚和大象的脚一样肥硕。

　　林奶奶老家在郊区，她在城里做零工，活儿重些，工钱却多，而且她白天黑夜地干，身上穿的是破烂，吃的像猪食。她婆婆已经去世，儿女都已成家，多年省吃俭用，攒下钱在城里置了一所房子，花一二千块钱呢。恰逢"文化大革命"，林奶奶赶紧把房"献"了。她深悔置房子"千不该、万不该"，却塌眉倒眼地笑着用中间三个指头点着胸口说："我成了地主资本家！我！我!!"我说："放心，房子早晚会还你，至少折了价还。"不过我问她："你想吃瓦片儿吗?"她不答理，只说"您不懂"，她自有她的道理。

　　我干校回来，房管处已经把她置的那所房子拆掉，另赔了一间房给她——新盖的，很小，我去看过，里面还有个自来水龙头，只是没有下水道。林奶奶指着窗外的院子和旁边两间房说："他住那边。""他"指拆房子又盖房子的人，好像是个管房子的，林奶奶称为"街坊"。她指着"街坊"门前大堆木材说："那是我的，都给他偷了。"她和"街坊"为那堆木材成了冤家。所以林奶奶不走前院，却从自己房间直通街道的小门出入。

　　她曾邀一个亲戚同住，彼此照顾。这就是林奶奶的长远打算。她和我讲："我死倒不怕，"——吃苦受累当然也不怕，她一辈子不就是吃苦受累吗？她说："我就怕老来病了，半死不活，给撂在炕上，叫人没人理，叫天天不应。我眼看着两代亲人受这个罪了……人说'长病没孝子'……孝子都不行呢……"她不说自己没有孝子，只叹气说"还是女儿好"。不过在她心目中，女儿当然也不能充孝子。

　　她和那个亲戚相处得不错，只是房间太小，两人住太挤。她屋里堆着许多破破烂烂的东西，还摆着一大排花盆——林奶奶爱养花，破磁盆、破瓦盆都种着鲜花。那个亲戚住了些时候有事走了，我怀疑她不过是图方便；难道她真打算老来和林奶奶做伴儿？林奶奶指望安顿亲友的另两间房里，住的是与她为仇的"街坊"。

　　那年冬天，林奶奶穿着个破皮背心到我家来，要把皮背心寄放我家。我说："这天气，皮背心正是穿的时候，藏起来干吗？"她说："怕人偷了。"我知道她指谁，忍不住说："别神经了，谁要你这件破皮背心呀！"她气呼呼地含忍了一会儿，咕哝说："别人我还不放心呢。"我听了忽然聪明起来。我说："哦，林奶奶，里面藏着宝吧？"她有气，可也笑了，还带几分被人识破的不好意思。我说："怪道你这件背心鼓鼓囊囊的。把你的宝贝掏出来给我，背心你穿上，不好吗？"她大为高兴，立即要了一把剪子，拆开背心，从皮板子上揭下一张张存款单。我把存单的账号、款项、存期等一一登记，封成一包，藏在她认为最妥善的地方。林奶奶切切叮嘱我别告诉人，她穿上背心，放心满意而去。

可是日常和仇人做街坊，林奶奶总是放心不下。她不知怎么丢失了二十块钱，怀疑"街坊"偷了。也许她对谁说了什么话，或是在自己屋里嘟囔，给"街坊"知道了。那"街坊"大清早等候林奶奶出门，赶上去狠狠地打了她两巴掌，骑车跑了。林奶奶气得几乎发疯。我虽然安慰了她，却埋怨她说："准是你上厕所掉茅坑里了，怎能平白冤人家偷你的钱呢？"林奶奶信我的话，点头说："大概是掉茅坑里了。"她是个孤独的人，多心眼儿当然难免。

我的旧保姆回北京后，林奶奶已不在我家洗衣，不过常来我家做客。她挨了那两下耳光，也许觉得孤身住在城里不是个了局。她换了调子，说自己的"儿子好了"。连着几年，她为儿子买砖、买瓦、买木材，为他盖新屋。是她儿子因为要盖新屋，所以"好了"；还是因为他"好了"，所以林奶奶要为他盖新屋？外人很难分辨，反正是同一回事吧？我只说："林奶奶，你还要盖房子啊？"她向我解释："老来总得有个窝儿呀。"她有心眼儿，早和儿子讲明："新房子的套间——预定她住的一间，得另开一门。"这样呢，她单独有个出入的门，将来病倒在炕上，村里的亲戚朋友经常能去看看她，她的钱反正存在妥当的地方呢，她不至于落在儿子、儿媳妇手里。

一天晚上，林奶奶忽来看我，说"明儿一早要下乡和儿子吵架去"。她有一二百元银行存单，她儿子不让取钱。儿子是公社会计，取钱得经他的手。我教林奶奶试到城里储蓄所去转期，因为郊区的储蓄所同属北京市。我为她策划了半天，她才支支吾吾吐出真情。原来新房子已经盖好了。她讲明要另开一门，她儿子却不肯为她另开一门。她这回不是去捞回那一二百块钱，却是借这笔钱逼儿子在新墙上开个门。我问："你儿子肯吗？"她说："他就是不肯！"我说，"那么，你老来还和他同住？"她发狠说，"非要他开那个门不可。"我再三劝她别再白怄气，她嘴里答应，可是显然早已打定主意。

她回乡去和儿子大吵，给儿媳妇推倒在地，骑在她身上狠狠地揍了一顿，听说腰都打折了。不过这都只是传闻。林奶奶见了我一句没说，因为不敢承认自己没听我的话。她只告诉我经公社调停，捞回了那一小笔存款。我见她没打伤，也就没问。

林奶奶的背越来越驼，干活儿也没多少力气了。幸亏街道上照顾她的不止一家。她又旧调重弹"还是女儿好"。她也许怕女儿以为她的钱都花在儿子身上了，所以告诉了女儿自己还有多少存款。从此以后，林奶奶多年没有动用的存款，不久就陆续花得只剩了一点点。原来她又在为女儿盖新屋。我末了一次见她，她的背已经弯成九十度。翻开她的大襟，小襟上一只只口袋差不多都是空的，上面却别着大大小小不少别针。不久林奶奶就病倒了，不知什么病，吐黑水——血水变黑的水。街道上把她送进医院，儿子得信立即赶来，女儿却不肯来。医院的大夫说，病人已没有指望，还是拉到乡下去吧。儿子回乡找车，林奶奶没等车来，当晚就死了。我相信这是林奶奶生平最幸运的事。显然她一辈子的防备都是多余了。

林奶奶死后女儿也到了，可是不肯为死人穿衣，因为害怕。她说："她又不是我妈，她不过是我的大妈。我还恨她呢。我十四岁叫我做童养媳，嫁个傻子，生了一大堆傻子……"（我见过两个并不傻，不过听说有一个是"缺心眼儿"的。）女儿和儿子领取了妈妈的遗产：存款所余无几，但是城里的房产听说落实了。据那位女儿说，他们乡间的生活现在好得很了，家家都有新房子，还有新家具，大立柜之类谁家都有，林奶奶的破家具只配当劈柴烧了。

　　林奶奶火化以后，她娘家人坚持办丧事得摆酒，所以热热闹闹请了二十桌。散席以后，她儿子回家睡觉，忽发现锅里蟠着两条三尺多长、满身红绿斑纹的蛇。街坊听到惊叫，赶来帮着打蛇。可是那位儿子忙拦住说"别打，别打"，广开大门，把蛇放走。林奶奶的丧事如此结束。

　　锅里蟠两条蛇，也不知谁恶作剧；不过，倒真有点像林奶奶干的。

一九八四年四月

怀念石华父

　　石华父是陈麟瑞同志的笔名。他和夫人柳无非同志是我们夫妇的老友。抗战期间，两家都在上海，住在同一条街上，相去不过五分钟的路程，彼此往来很密。我学写剧本就是受了麟瑞同志的鼓励，并由他启蒙的。

　　在我们夫妇的记忆里，麟瑞同志是最随和、最宽容的一位朋友。他曾笑呵呵指着默存对我说："他打我踢我，我也不会生他的气。"我们每想到这句话，总有说不尽的感激。他对朋友，有时像老大哥对小孩子那么纵容，有时又像小孩子对老大哥那么崇敬。他往往引用这位或那位朋友的话，讲来满面严肃，好像是至高无上的权威之论。后来那几位朋友和我们渐渐熟识，原来他们和麟瑞同志一样，并不以权威自居。他们的话只是朋友间随意谈论罢了，麟瑞同志却那么重视。他实在是少有的忠厚长者、谦和君子。

去年，我在报纸上读到一篇《陈麟瑞先生二三事》①，作者吴岩是麟瑞同志在暨南大学教过的学生；据说麟瑞同志是最认真、最严格的老师。我想，他的温厚谦虚，也许正出于他对待自己的严格认真。他对自己剧作的要求，显然比他对学生功课上的要求更加严格认真。

据吴岩同志的记述，一九六五年，某出版社要求重出他的剧本。他婉拒说，那些旧作还待修改后看看是否值得重版。又据说，他曾告诉学生，他在哈佛大学专攻戏剧，对喜剧尤感兴趣，可是他从未透露自己用石华父的笔名写戏。这都可见他对自己剧作的态度多么严谨。

最近《上海抗战时期文学丛书》要出版石华父的剧本选集。无非同志请柯灵同志选定剧目。选出的剧本有以下三种：《职业妇女》是创作，《晚宴》是由美国名剧改编的悲剧，《雁来红》是由英国名剧改编的喜剧。原先打算选入的《尤三姐》或《海葬》都是由小说改编的，可惜稿本遍觅不得，只好作罢。

---

① 见《新民晚报》（一九八四年四月二十四日）。

《职业妇女》是轻巧的四幕喜剧，无非同志说是一九三九年左右写成的。剧里讽刺一个假道学的局长把女职员当作玩物，定下规章，只雇用未婚妇女，结婚就解雇。他挪用公款做投机买卖，牟取暴利，打算带着女秘书到香港去享用，船票都买好了。他的女儿看中一个有志青年，可是他管教很严，不许女儿交男友。他的女秘书其实已经结婚，丈夫就是那个有志青年的朋友。局长挪用公款的事差点儿败露，女秘书乘机对他施加压力，成全了他女儿的婚姻，并利用现成的船票，让那一对青年奔赴大后方。剧情演变自然，讽刺的人和事都是很可笑的。麟瑞同志熟谙戏剧结构的技巧，对可笑的事物也深有研究。他的藏书里有半架子英法语的"笑的心理学"一类的著作，我还记得而且也借看过。

《晚宴》和《雁来红》都是一九四二年以后上演的，那时上海已经沦陷。麟瑞同志在《晚宴》的序里说，他当时"心境非常恶劣，除开改编，恐怕什么都写不出"。他读过很多英美的热门戏剧，这两个剧本的原作都曾风行一时。可是要把外国的剧情改得适合我国当时的社会，并不容易，还需运用精细的手法，来一番再创造。这两出戏都已经改得不像外国戏了。这里还保存着一份《晚宴》的演员表，上面的主角配角全都是第一流的名演员。由此可见剧本多么受重视，也可以料想演出多么成功。

我记得《尤三姐》演出后颇得好评，也记得麟瑞同志改编《海葬》很下功夫。舞台上末一幕里，大幅的蓝色绸子映着灯光幻成海浪，麟瑞同志看得非常欣赏。我希望将来这两个剧本还能找到。

我们下干校的前夕，风闻麟瑞同志"暴病"去世。我们从干校一回来就去看望无非同志，得知麟瑞同志在文化大摧残的时期，绝望灰心，"劈开生死路，退出是非门"。他生前常对我们讲，他打算写一部有关喜剧和笑的论著，还在继续收集资料。可是他始终没有动笔，如今连他已写成的作品都不齐全了。看到他残存的三个剧本，我们有无穷感慨；对他没有心绪写出的剧本和没有时间写出的著作，更有无限向往。

一九八五年

纪念温德先生

温德（Robert Winter）先生享年百岁，无疾而终。

五十多年前，我肄业清华研究院外文系，曾选修温德先生的法国文学课（他的专业是罗曼语系文学）。锺书在清华本科也上过他两年课。一九四九年我们夫妇应清华外文系之邀，同回清华。我们拜访了温德先生。他家里陈设高雅，院子里种满了花，屋里养五六只暹罗猫，许多青年学生到他家去听音乐，吃茶点，看来他生活得富有情趣。当时，温先生的老友张奚若先生、吴晗同志等还在清华院内，周培源、金岳霖先生等都是学校负责人。据他们说：温先生背着点儿"进步包袱"，时有"情绪"；我们夫妇是他的老学生，他和锺书两人又一同负责研究生指导工作，我们该多去关心他，了解他。我们并不推辞。不久，锺书调往城里工作，温先生就由我常去看望。

　　温先生的"情绪"只是由孤寂而引起的多心，一经解释，就没有了。他最大的"情绪"是不服某些俄裔教员所得的特殊待遇，说他们毫无学问，倒算"专家"，月薪比自己所得高出几倍。我说："你凭什么和他们比呢？你只可以跟我们比呀。"这话他倒也心服，因为他算不得"外国专家"，他只相当于一个中国老知识分子。

　　据他告诉我：他有个大姐九十一岁了，他是最小的弟弟；最近大姐来信，说他飘零异国，终非了局，家里还有些产业，劝他及早回国。我问："你回去吗？"温先生说："我是美国黑名单上的人，怎能回去。况且我厌恶美国，我不愿回去。我的护照已过期多年，我早已不是美国人了。"我听说他在昆明西南联大的时候，跟着进步师生游行反美。抗美援朝期间，他也曾公开控诉美国。他和燕京大学的美籍教师都合不来。他和美国大使馆和领事馆都绝无来往。换句话说，他是一个丧失了美国国籍的人，而他又不是一个中国人。

　　据温先生自己说：他是吴宓先生招请到东南大学去的；后来他和吴宓先生一同到了清华，他们俩交情最老。他和张奚若先生交情也很深。我记得他向我谈起闻一多先生殉难后，他为张奚若先生的安全担忧，每天坐在离张家不远的短墙上遥遥守望。他自嘲说："好像我能保护他！"国民党在北京搜捕进步学生时，他倒真的保护过个别学生。北京解放前，吴晗、袁震夫妇是他用小汽车护送出北京的。

温先生也许是最早在我国向学生和同事们推荐和讲述英共理论家考德威尔（Christopher Caudwell）名著《幻象和现实》（*Illusion and Reality*）（1937）的人。有一个同事在学生时代曾和我同班上温德先生的课，他这时候一片热心地劝温德先生用马列主义来讲释文学。不幸他的观点过于褊狭，简直否定了绝大部分的文学经典。温德先生很生气，对我说："我提倡马克思主义的时候，他还在吃奶呢！他倒来'教老奶奶嗑鸡蛋'！"我那位同事确是过"左"些，可是温德先生以马克思主义前辈自居，也许是所谓背了"进步包袱"。

三校合并，温德先生迁居朗润园一隅，在荷塘旁边。吴晗同志花三百元买了肥沃的泥土，把温德先生屋外的院子垫高一厚层。温德先生得意地对我说："你知道吗？这种泥土，老农放在嘴里一嚼就知道是好土，甜的！"好像他亲自尝过。他和种花种菜的农民谈来十分投合。他移植了旧居的花圃，迁入新屋。他和修屋的工人也交上朋友，工人们出于友情，顺着他的意思为他修了一个天窗。温德先生夏天到颐和园游泳，大概卖弄本领（如仰卧水面看书），吸引了共泳的解放军。他常自诩"我教解放军游泳"，说他们浑朴可亲。

温德先生有一两位外国朋友在城里，常进城看望。他告诉我们他结识一位英国朋友，人极好。他曾多次说起他的英国朋友。那时候，我们夫妇已调到文学研究所，不和温德先生同事了。

一九五五年肃反运动，传闻温德先生有"问题"，我们夫妇也受到"竟与温德为友"的指摘。我们不得不和他划清界限。偶尔相逢，也不再交谈，我们只向他点个头，还没做到"站稳立场"，连招呼也不打。后来知道他已没有"问题"，但界限既已划清，我们也不再逾越了。

转眼十年过去。一九六六年晚春，我在王府井大街买东西，正过街，忽在马路正中碰到扶杖从对面行来的温德先生。他见了我喜出意外，回身陪我过街，关切地询问种种琐事。我们夫妇的近况他好像都知道。他接着讲他怎样在公共汽车上猛摔一跤，膝盖骨粉碎，从此只能在平地行走，上不得楼梯了。当时，我和一个高大的洋人在大街上说外国语，自觉惹眼。他却满不理会，有说有笑，旁若无人。我和他告别，他还依依不舍，仔细问了我的新住址，记在小本子上。我把他送过街，急忙转身走开。

　　不久爆发了"文化大革命"。温德先生不会不波及，不过我们不知道他遭遇的详情。十一届三中全会后，忽报载政府招待会上有温德教授，我们不禁为他吐了一口气，为他欣喜，也为他放心。温德先生爱中国，爱中国的文化，爱中国的人民。他的友好里很多是知名的进步知识分子。他爱的当然是新中国。可是几十年来，他只和我们这群"旧社会过来的知识分子"共甘苦、同命运。这回他终于得到了我们国家的眷顾。

　　去年，我偶逢戴乃迪女士，听说她常去看望温德，恍然想到温德先生所说的英国好友，谅必是她。我就和她同去看温德先生。自从王府井大街上偶然相逢，又二十年不见了。温德先生见了戴乃迪女士大为高兴，对我说："这是我最好的朋友！"我猜得显然不错。至于我，他对我看了又看，却怎么也记不起我了。

　　　　　　　　　　　　　　　　　　一九八七年一月

第一次观礼

——旧事拾零

一九五五年四月底，我得到一个绿色的观礼条，五月一日劳动节可到天安门广场观礼。绿条儿是末等的，别人不要，不知谁想到给我。我领受了非常高兴，因为是第一次得到的政治待遇。我知道头等是大红色，次等好像是粉红，我记不清了。有一人级别比我低，他得的条儿是橙黄色，比我高一等。反正，我自比《红楼梦》里的秋纹，不问人家红条儿、黄条儿，"我只领太太的恩典"。

随着观礼条有一张通知，说明哪里上大汽车、哪里下车，以及观礼的种种规矩。我读后大上心事。得橙黄条儿的是个男同志，绿条儿只我一人。我不认识路，下了大汽车，人海里到哪儿去找我的观礼台呢？礼毕，我又怎么再找到原来的大汽车呢？我一面忙忙开箱子寻找观礼的衣服，一面和家人商量办法。

我说："绿条儿一定不少。我上了大汽车，就找一个最丑的戴绿条子的人，死盯着他。"

"干吗找最丑的呢？"

我说："免得人家以为我看中他。"

家里人都笑说不妥："越是丑男人，看到女同志死盯着他，就越以为是看中他了。"

我没想到这一层，觉得也有道理。我打算上了车，找个最容易辨认的戴绿条儿的人，就死盯着，只是留心不让他知觉。

"五一"清晨，我兴兴头头上了大汽车，一眼看到车上有个戴绿条儿的女同志，喜出望外，忙和她坐在一起。我仿佛他乡遇故知；她也很和气，并不嫌我。我就不用偷偷儿死盯着丑的或不丑的男同志了。

同车有三个戴大红条儿的女同志，都穿一身套服：窄窄腰身的上衣和紧绷绷的短裙。她们看来是常戴着大红条儿观礼的人物。下车后她们很内行地说，先上厕所，迟了就糟了。我们两个绿条子因为是女同志，很自然的也跟了去。

厕所很宽畅，该称盥洗室，里面薰着香，沿墙有好几个洁白的洗手池子，墙上镶嵌着一面面明亮的镜子，架上还挂着洁白的毛巾。但厕所只有四小间。我正在小间门口，出于礼貌，先让别人。一个戴红条儿的毫不客气，直闯进去，撇我在小间门旁等候。我暗想："她是憋得慌吧？这么急！"她们一面大声说笑，说这会儿厕所里还没人光顾，一切都干干净净地等待外宾呢。我进了那个小间，还听到她们大声说笑和错乱的脚步声，以后就寂然无声。我动作敏捷，怕她们等我，忙掖好衣服出来。不料盥洗室里已杳无一人。

我吃一大惊，惊得血液都冷凝不流了。一个人落在天安门盥洗室内，我可怎么办呢！我忙洗洗手出来，只见我的绿条儿伙伴站在门外等着我。我感激得舒了一口大气，冷凝的血也给"阶级友爱"的温暖融化了。可恨那红条儿不是什么憋得慌，不过是眼里没有我这个绿条子。也许她认为我是僭越了，竟擅敢挤入那个迎候外宾的厕所。我还自以为是让她呢！

绿条儿伙伴看见那三个红条子的行踪，她带我拐个弯，就望见前面三双高跟鞋的后跟了。我们赶上去，拐弯抹角，走出一个小红门，就是天安门大街，三个红条子也就不知哪里去了。我跟着绿条儿伙伴过了街，在广场一侧找到了我们的观礼台。

我记不起观礼台有多高多大，只记得四围有短墙。可是我以后没有再见到那个观礼台。难道是临时搭的？却又不像新搭的。大概我当时竭力四处观望，未及注意自己站立的地方。我只觉得太阳射着眼睛，晒着半边脸，越晒越热。台上好几排长凳已坐满了人。我凭短墙站立好久，后来又换在长凳尽头坐了一会。可是，除了四周的群众，除了群众手里擎着的各色纸花，我什么也看不见。

远近传来消息："来了，来了。"群众在欢呼，他们手里举的纸花，汇合成一片花海，浪潮般升起又落下，想必是天安门上的领袖出现了。接下就听到游行队伍的脚步声。天上忽然放出一大群白鸽，又迸出千百个五颜六色的氢气球，飘荡在半空，有的还带着长幅标语。游行队伍齐声喊着口号。我看到一簇簇红旗过去，听着口号声和步伐声，知道游行队伍正在前进。我踮起脚，伸长脑袋，游行队伍偶然也能看到一瞥。可是眼前所见，只是群众的纸花，像浪潮起伏的一片花海。

虽然啥也看不见，我在群众中却也失去自我，融合在游行队伍里。我虽然没有"含着泪花"，泪花儿大约也能呼之即来，因为"伟大感"和"渺小感"同时在心上起落，确也"久久不能平息"。"组织起来"的群众如何感觉，我多少领会到一点情味。

游行队伍过完了，高呼万岁的群众像钱塘江上的大潮一般卷向天安门。我当然也得随着拥去，只是注意抓着我的绿条儿伙伴。等我也拥到天安门下，已是"潮打空城寂寞回"。天安门上已空无一人，群众已四向散去。我犹如溅余的一滴江水，又回复自我，看见绿条儿伙伴未曾失散，不胜庆幸，忙紧紧跟着她去寻找我们的大汽车。

三个红条儿早已坐在车上。我跟着绿条儿伙伴一同上了车，回到家里，虽然脚跟痛，脖子酸，半边脸晒得火热，兴致还很高。问我看见了什么，我却回答不出，只能说：

"厕所是香的，擦手的毛巾是雪白的。"我差点儿一人落在天安门盥洗室里，虽然只是一场虚惊，却也充得一番意外奇遇，不免细细叙说。至于身在群众中的感受，实在肤浅得很，只可供反思，还说不出口。

一九八八年三至四月

大王庙

　　一九一九年——五四运动那年，我在北京女师大附属小学上学。那时学校为十二三岁到十五六岁的女学生创出一种新服装。当时成年的女学生梳头，穿黑裙子；小女孩子梳一条或两条辫子、穿裤子。按这种新兴的服装，十二三到十五六岁的女学生穿蓝色短裙，梳一条辫子。我记得我们在大操场上"朝会"的时候，老师曾两次叫我姐姐的朋友（我崇拜的美人）穿了这种短裙子，登上训话台当众示范。以后，我姐姐就穿短裙子了，辫梢上还系个白绸子的蝴蝶结。

　　那年秋天，我家从北京迁居无锡，租居沙巷。我就在沙巷口的大王庙小学上学。

　　我每和姐姐同在路上走，无锡老老少少的妇女见了短裙子无不骇怪。她们毫不客气地呼邻唤友："快点来看哎！梳则辫子促则腰裙唉!"(无锡土话:"快来看哦!梳着辫子束着裙子哦!")我悄悄儿拉拉姐姐说:"她们说你呢。"姐姐不动声色说:"别理会,快走。"

我从女师大附小转入大王庙小学,就像姐姐穿着新兴的服装走在无锡的小巷里一样。

大王庙小学就称大王庙,原先是不知什么大王的庙,改成一间大课堂,有双人课桌四五直行。初级小学四个班都在这一间大课堂里,男女学生大约有八十左右。我是学期半中间插进去的。我父亲正患重病,母亲让老门房把我和两个弟弟送入最近的小学。我原是三年级,在这里就插入最高班。

大王庙的教职员只有校长和一位老师。校长很温和,冻红的鼻尖上老挂着一滴清水鼻涕。老师是孙先生,剃一个光葫芦瓢似的头,学生背后称他"孙光头"。他拿着一条藤教鞭,动不动打学生,最爱打脑袋。个个学生都挨打,不过他从不打我,我的两个不懂事的弟弟也从没挨过打,大概我们是特殊的学生。校长不打学生,只有一次他动怒又动手了,不过挨打的学生是他的亲儿子。这孩子没有用功作业,校长气得当众掀开儿子的开裆裤,使劲儿打屁股。儿子嚎啕大哭,做爸爸的越打越气越发狠痛打,后来是"孙光头"跑来劝止了。

我是新学生，不懂规矩，行事往往别扭可笑。我和女伴玩"官、打、捉、贼"（北京称为"官、打、巡、美"），我拈阄拈得"贼"，拔脚就跑。女伴以为我疯了，拉住我问我干什么。我急得说：

"我是贼呀！"

"嗨，快别响啊！是贼，怎么嚷出来呢！"

我这个笨"贼"急得直要挣脱身。我说：

"我是贼呀！得逃啊！"

她们只好耐心教我："是贼，就悄悄儿坐着，别让人看出来。"

又有人说："你要给人捉出来，就得挨打了。"

我告诉她们："贼得趁早逃跑，要跑得快，不给捉住。"

她们说："女老小姑则"（即"女孩子家"）不兴得"逃快快"。逃呀、追呀是"男老小"的事。

我委屈地问：女孩子该怎么？

一个说："步步太阳"（就是古文的"负暄"，"负"读如"步"）。

一个说："到'女生间'去踢踢毽子。"

大庙东庑是"女生间"，里面有个马桶。女生在里面踢毽子。可是我只会跳绳、拍皮球，不会踢毽子，也不喜欢闷在又狭又小的"女生间"里玩。

不知谁画了一幅"孙光头"的像，贴在"女生间"的墙上，大家都对那幅画像拜拜。我以为是讨好孙先生呢。可是她们说，为的是要"钝"死他。我不懂什么叫"钝"。经她们七嘴八舌的解释，又打比方，我渐渐明白"钝"就是叫一个人倒霉，可是不大明白为什么拜他的画像就能叫他倒霉，甚至能"拜死他"。这都是我闻所未闻的。多年后我读了些古书，才知道"钝"就是《易经》《屯》卦的"屯"，遭难当灾的意思。

女生间朝西。下午，院子里大槐树的影子隔窗映在东墙上，印成活动的淡黑影。女生说是鬼，都躲出去。我说是树影，她们不信。我要证明那是树影不是鬼，故意用脚去踢。她们吓得把我都看成了鬼，都远着我。我一人没趣，也无法争辩。

那年我虚岁九岁。我有一两个十岁左右的朋友，并不很要好。和我同座的是班上最大的女生，十五岁。她是女生的头儿。女生中间出了什么纠纷，如吵架之类，都听她说了算。小女孩子都送她东西，讨她的好。一次，有个女孩子送她两只刚出炉的烤白薯。正打上课铃，她已来不及吃。我和她的课桌在末排，离老师最远。我看见她用怪脏的手绢儿包着热白薯，缩一缩鼻涕，假装抹鼻子，就咬一口白薯。我替她捏着一把汗直看她吃完。如果"孙光头"看见，准用教鞭打她脑袋。

在大王庙读什么书，我全忘了，只记得国文教科书上有一课是："子曰，父母之年，不可不知也……""孙光头"把"子曰"解作"儿子说"。念国文得朗声唱诵，称为"啦"（上声）。我觉得发出这种怪声挺难为情的。

每天上课之前，全体男女学生排队到大院西侧的菜园里去做体操。一个最大的男生站在前面喊口令，喊的不知什么话，弯着舌头，每个字都带个"儿"。后来我由"七儿""八儿"悟出他喊的是"一、二、三、四、五、六、七、八"。弯舌头又带个"儿"，算是官话或国语的。有一节体操是揉肚子，九岁、十岁以上的女生都含羞吃吃地笑，停手不做。我傻里傻气照做，她们都笑我。

我在大王庙上学不过半学期，可是留下的印象却分外生动。直到今天，有时候我还会感到自己仿佛在大王庙里。

一九八八年八月

客气的日本人

抗战后期，我和默存一同留在沦陷的上海，住在沿街。晚上睡梦里，或将睡未睡、将醒未醒的时候，常会听到沉重的军靴脚步声。我们惊恐地悄悄说："捉人!"说不定哪一天会轮到自己。

朋友间常谈到某人某人被捕了。稍懂门路的人就教我们，一旦遭到这类事，可以找某某等人营救；受讯时第一不牵累旁人，同时也不能撒谎。回答问题要爽快，不能迟疑，不能吞吞吐吐，否则招致敌人猜疑。谎话更招猜疑，可是能不说的尽量巧妙地隐瞒。

那时默存正在写《谈艺录》。我看着稿子上涂改修补着细细密密的字，又夹入许多纸条，多半是毛边纸上用毛笔写的。我想这部零乱的稿子虽是学术著作，却经不起敌人粗暴的翻检，常为此惴惴不安。

一九四五年四月间，一天上午九十点钟，默存已到学校上课。我女儿圆圆幼年多病，不上学，由我启蒙，这时正在卧房里做功课。我们的卧房是个亭子间，在半楼梯。楼下挨厨房的桌上放着砧板，摊着待我拣挑的菜——我正兼任女佣，又在教女儿功课。忽听得打门声，我就去应门；一看二位来客，觉得他们是日本人（其实一个是日本人，一个是朝鲜人，上海人称为"高丽棒子"）。我忙请他们进来，请他们坐，同时三脚两步逃上半楼梯的亭子间，把一包《谈艺录》的稿子藏在我认为最妥善的地方，随即斟了两杯茶送下去——倒茶是为藏稿子。

他们问："这里姓什么？"

"姓钱。"

"姓钱？还有呢？"

"没有了。"

"没有别家？只你们一家？"

"只我们一家。"

他们反复盘问了几遍，相信我不是撒谎，就用日语交谈，我听不懂。

"有电话吗？"

我告诉他们电话在半楼梯（我们卧房的门口）。我就站在桌子旁边拣菜。

叔父在三楼，听日本人用日本话打电话，就下楼来。他走到我身边，悄声说：

"他们是找你。我看见小本子上写的是杨绛。你还是躲一躲吧。"

我不愿意躲，因为知道躲不了。但叔父是一家之主，又是有阅历有识见的人，他叫我躲，我还是听话。由后门出去，走几步路就是我大姐的朋友家。我告诉叔父"我在五号"，立即从后门溜走。

我大姐的朋友大我十五六岁，是一位老姑娘，一人带着个女佣住一间底层的大房间。我从小喜欢她，时常到她家去看看她。她见了我很高兴，说她恰恰有几个好菜，留我吃饭。她怕我家里有事，建议提早吃饭。我和她说说笑笑闲聊着等吃饭。饭菜有炒虾仁、海参、蹄筋之类。主人殷勤劝食，我比往常多吃了半碗饭。我怕吓着老人，一字未提家有日本人找，不过一面和她说笑，心上直挂念着该怎么办。

饭后，她叫我帮她绕毛线。我一面绕，一面闲闲地说起：家里有日本人找我呢，我绕完这一股，想回去看看。

她吃一大惊说："啊呀！你怎么没事人儿似的呀？"

我说："不要紧的，我怕吓了你。"

正说着，九弟（默存的堂弟）跑来了。他说："日本人不肯走，他们说嫂嫂不回去，就把我和多哥（默存的另一堂弟）带走。"

我知道这是叔父传话，忙说："我马上回来。你在大门口附近等着宣哥（默存），叫他别回家，到陈麟瑞先生家去躲一躲。"九弟机灵可靠，托他的事准办到。

我想：溜出门这半天了，怎么交代呢。一眼忽见一篮十几个大鸡蛋，就问主人借来用用。我提着篮子，绕到自己家大门口去敲门。我婆婆来开门。她吓得正连声噎气，见了我惶急说："你怎么来了？"我偷偷儿对她摆手，一面大步往里走，一面大声说："我给你买来了新鲜大鸡蛋！又大又新鲜！"说着已经上楼，到了亭子间门口。只见圆圆还坐在小书桌横头，一动不动，一声不响。柜子和书桌抽屉里的东西都倒翻在书桌上、床上和柜子上。那"高丽棒子"回身指着我大声喝问：

"杨绛是谁？"

我说："是我啊。"

"那你为什么说姓钱？"

"我嫁在钱家，当然姓钱啊！"

我装出恍然大悟的样儿说："原来你们是找我呀？咳！你们怎么不早说？"我把篮子放在床上，抱歉说："我婆婆有胃病，我给她去买几个鸡蛋——啊呀，真对不起你们两位了，耽搁了你们这么多时间。好了，我回来了，我就跟你们走。"

日本人拿出一张名片给我。他名叫荻原大旭，下面地址是贝当路日本宪兵司令部。

我说："好吧，我跟你们一起去。"

日本人说："这会儿不用去了。明天上午十点，你来找我。"

我问："怎么找呢？"

"你拿着这个名片就行。"他带着"高丽棒子"下楼。我跟下去，把他们送出大门。

据家里人讲，我刚溜走，那两个客人就下楼找"刚才的妇女"。他们从电话里得知杨绛是女的，而我又突然不见，当然得追究。我婆婆说"刚才的妇女"就是她。她和我相差二十三岁，相貌服装全然不同。日本人又不是傻瓜。他们随即到我屋里去搜查，一面追问圆圆，要她交代妈妈哪里去了。圆圆那时八岁，很乖，随那两人吓唬也罢，哄骗也罢，她木无表情，百问不一答。

　　日本人出门之后，家里才摆上饭来。我婆婆已吓得食不下咽。我却已吃了一餐好饭，和默存通过电话，他立即回家。他也吃过饭了。我把散乱在桌上、柜上和床上的东西细细检点，发现少了一本通信录，一叠朋友寄我的剪报，都是宣传我编的几个剧本的，还有剧团演员联名谢我的一封信。这个剧团的演员都很进步，我偶去参观他们排演，常看到《四大家族》之类的小册子。不过他们给我的信上并没有任何犯禁的话。他们都是名演员，不必看了信才知道名字。

　　那时候李健吾先生已给日本宪兵司令部拘捕多时，还未释放。我料想日本人找我，大约为了有关话剧的问题，很可能问到李先生。那么，我就一口咬定和他不熟，他的事我一概不知，我只因和李太太是同乡又同学，才由她认识了李先生（其实，我是由陈麟瑞先生而认识李先生的）。

　　听略有经验的人说，到日本宪兵司令部去的都要填写一份表格，写明自己的学历、经历等等。最关键的部分是社会关系。我想，我的通信簿既已落在他们手里，不妨把通信簿上女朋友的姓字填上几个，反正她们是绝无问题的；李太太的名字当然得填上。至于话剧界的人，导演是人人皆知的名人，剧团的头儿也是广告上常见的。如果问到，我只说个名字，有关他们的事，我和他们没有私交，一概不知。我像准备考试一般，把自己的学历经历温习一下，等着明天去顶就是了。所以我反而一心一意，上床就睡着了。半夜醒来，觉得有件大事，清醒了再想想，也没有什么办法，就把准备回答的问题在心上复习一遍，又闭目入睡。我平时不善睡，这一晚居然睡得相当平静。

明早起来，吃完早点就准备出门。穿什么衣服呢？不能打扮，却也不能肮脏。我穿一身半旧不新的黑衣黑鞋，拿一只黑色皮包。我听说日本人报复心很强。我害他们等了我半天，就准备他们叫我等待一天。我免得耗费时间，也免得流露出不安的情绪，所以带本书去看看。我不敢带洋书，带了一本当时正在阅读的《杜诗镜铨》。那是石印的线装书，一本一卷，放在皮包里大小正合适。我告诉家里：上午别指望我能回家，如果过了一夜不归，再设法求人营救。我雇了一辆三轮到日本宪兵司令部。

到那里还早十多分钟。我打发了三轮，在干净而清静的人行道上慢慢儿走了一个大来回，十点前三分，我拿着荻原大旭的名片进门。

有人指点我到一间大教室似的屋里去。里面横横竖竖摆着大小各式的桌子和板凳。男女老少各等各样的人都在那儿等待。我找个空座坐下，拿出书来，一门心思看书。不到半小时，有人来叫我，我就跟他走，也不知是到哪里去。那人把我领到一间干净明亮的小会客室里，长桌上铺着白桌布，沙发上搭着白纱巾，太阳从白纱窗帘里漏进来。那人让我坐在沙发上，自己抽身走了。我像武松在牢房里吃施恩家送的酒饭一样，且享受了目前再说，就拿出书来仄仄细读。

我恰好读完一卷，那日本人进来了。我放下书站起身。他拿起我的书一看，笑说：

"杜甫的诗很好啊。"

我木然回答"很好"。

他拿出一份表格叫我填写，随后有人送来了墨水瓶和钢笔。我坐下当着这日本人填写。填写完毕，不及再看一遍，日本人就收去了。他一面看，一面还敷衍说："巴黎很美啊。"

我说："很美。"

他突然问："谁介绍你认识李伯龙的？"（李伯龙是同茂剧团的头头）

我说："没人介绍，他自己找到我家来的。他要我的剧本。"（这是实情）

"现在还和他们来往吗？"

"我现在不写剧本，他们谁还来理我呢。"

忽然那"高丽棒子"闯进来，指着我说：

"为什么你家人说你不在家？"

"我不是去买鸡蛋了吗？"

"说你在苏州。"

"是吗？我父亲刚去世，我是到苏州去了一趟，不过早回来了。"

"可是他们说你在苏州。"

"他们撒谎。"

"高丽棒子"厉声喝问："为什么撒谎？"

我说："害怕呗。"

日本人说："以后我们还会来找你。"

我说："我总归在家——除非我出去买东西。我家没有佣人。"

"高丽棒子"问："为什么不用佣人？"

我简单说："用不起。"

我事后知道，他们找的是另一人，以为"杨绛"是他的化名。传我是误传，所以没什么要审问的，他们只强调以后还要来找我。我说我反正在家，尽管再来找。审讯就完毕了。日本人很客气地把我送到大门口。我回到家里，正好吃饭。

朋友间谈起这件事，都说我运气好。据说有一位女演员未经审问，进门就挨了两个大耳光。有人一边受审问，一边奉命双手举着个凳子不停地满地走。李健吾先生释放后讲起他经受的种种酷刑，他说，他最受不了的是"灌水"：先请他吃奶油蛋糕，吃饱以后，就把自来水开足龙头，对着他嘴里灌水，直灌到七窍流水，昏厥过去。我说，大概我碰到的是个很客气的日本人，他叫荻原大旭。

李先生瞪着眼说："荻原大旭？他！客气！灌我水的，就是他！"

一九八八年八月

"遇仙"记

事情有点蹊跷，所以我得把琐碎的细节交代清楚。

我初上大学，女生宿舍还没有建好。女生也不多，住一所小洋楼，原是一位美国教授的住宅。我第一年住在楼上朝南的大房间里，四五人住一屋。第二年的下学期，我分配得一间小房间，只住两人。同屋是我中学的同班朋友，我称她淑姐。我们俩清清静静同住一屋，非常称心满意。

房间很小，在后楼梯的半中间，原是美国教授家男仆的卧室。窗朝东，窗外花木丛密，窗纱上还爬着常青藤，所以屋里阴暗，不过很幽静。门在北面，对着后楼梯半中间的平台。房间里只有一桌两凳和两只小床。两床分开而平行着放：一只靠西墙，床头顶着南墙；一只在房间当中、门和窗之间，床头顶着靠门的北墙。这是我的床。

房间的门大概因为门框歪了，或是门歪了，关不上，得用力抬抬，才能关上。关不上却很方便：随手一带，门的下部就卡住了，一推或一拉就开；开门、关门都毫无声息。钥匙洞里插着一把旧的铜钥匙。不过门既关不上，当然也锁不上，得先把门抬起关严，才能转动钥匙。我们睡觉从不锁门，只把门带上就不怕吹开。

学期终了，大考完毕，校方在大礼堂放映美国电影。我和淑姐随同大伙去看电影。可是我不爱看，没到一半就独自溜回宿舍。宿舍的电灯昏暗，不宜看书。我放下帐子，熄了灯，先自睡了。

我的帐子是珠罗纱的，没有帐门，白天掀在顶上，睡时放下，我得先钻入帐子，把帐子的下围压在褥子底下。电灯的开关在门边墙上，另有个鸭蛋形的"床上开关"，便于上床后熄灯。这种开关有个规律：灯在床上关，仍得床上开，用墙上的开关开不亮。我向来比淑姐睡得晚，床上开关放在我的枕边。不过那晚上，我因为淑姐还没回房，所以我用墙上的开关熄了灯，才钻进帐子。

电影散场，淑姐随大伙回宿舍。她推门要进屋，却推不开，发现门锁上了。她推呀，打呀，叫呀，喊呀，里面寂无声息。旁人听见了也跟来帮她叫门。人愈聚愈多。打门不应，有人用拳头使劲擂，有人用脚跟狠狠地蹬，吵闹成一片。舍监是个美国老处女，也闻声赶来。她说："光打门不行；睡熟的人，得喊着名字叫醒她。"门外的人已经叫喊多时，听了她的话，更高声大喊大叫，叫喊一阵，门上擂打一阵，蹬一阵，踢一阵，有人一面叫喊，一面用整个身子去撞门。宿舍里的女生全赶来了，后楼梯上上下下挤满了人。

曾和我同房间的同学都知道我睡觉特别警觉。她们说："屋里有谁起夜，她没有不醒的，你从床上轻轻坐起来，她那边就醒了。"这时门都快要打下来了。门外闹得天惊地动，便是善睡的人，也会惊醒。况且我的脑袋就在门边，岂有不醒的道理，除非屋里的人是死了。如果我暴病而死，不会锁门；现在门锁着，而屋里的人像是死人，准是自杀。

可是谁也不信我会自杀。我约了淑姐和我的好友和另几个女伴儿，明晨去走城墙玩呢，难道我是借机会要自杀？单凭我那副孙猴儿"生就的笑容儿"，也不像个要自杀的人呀。自杀总该有个缘故，大家认为我绝没有理由。可是照当时的情形推断，我决计是死了。

有人记起某次我从化学实验室出来时说："瞧，装砒霜的试管就这么随便插在架上，谁要自杀，偷掉点儿谁也不会知道。"我大约偷了点儿砒霜吧？又有人记起我们一个同学自杀留下遗书，我说："都自杀了，还写什么遗书；我要自杀就不写了。"看来我准也考虑过自杀。

这些猜测都是事后由旁人告诉我的。她们究竟打门叫喊了多少时候，我全不知道，因为一声也没有听见。料想她们大家打门和叫喊的间歇里，足有时间如此这般的猜想并议论。

当时门外的人一致认为屋里的人已自杀身亡，叫喊和打门只是耽误时间了。舍监找了两名校工，抬着梯子到我们那房间的窗外去撬窗。梯子已经放妥，校工已爬上梯子。门外众人都屏息而待。

我忽然感到附近人喊马嘶，好像出了什么大事，如失火之类，忙从枕旁摸出床上开关；可是电灯不亮，立即记起我是在等待淑姐回房，特在墙上开关熄灯的。我忙把床上开关再按一下还原，拉开帐子，下地开了电灯。我拉门不开，发现门锁着，把钥匙转了一下，才把门拉开。门缝里想必已漏出些灯光。外面的人一定也听到些声响。可是她们以为是校工撬开窗子进屋了，都鸦雀无声地等待着。忽见我睡眼惺忪站在门口，惊喜得齐声叫了一声"哦！"

一人说："啊呀！你怎么啦？"

我看见门外挤满了人，莫名其妙。我说："我睡了。"

"可你怎么锁了门呀？淑姐没回来呢。"

我说："我没锁啊！"

屋里只我一人，我没锁，谁锁的呢？我想了一想说："大概是我糊涂了，顺手把门锁上了。"（可是，我"顺手"吗??）

"我们把门都快要打下来了，你没听见？看看你的朋友！都含着两包眼泪等着呢！"

我的好友和淑姐站在人群里，不在近门处，大概是不忍看见我的遗体。

这时很多人笑起来，舍监也松了一大口气。一场虚惊已延持得够久了，她驱散众人各自回房，当然也打发了正待撬窗的校工。

时间已经不早，我和淑姐等约定明晨一早出发，要走城墙一周，所以我们略谈几句就睡觉。她讲了打门的经过，还把美国老姑娘叫唤我名字的声调学给我听。我连连道歉，承认自己糊涂。我说可能熄灯的时候顺手把门锁上了。

第二天，我们准备走城墙，所以清早起来，草草吃完早点，就结伴出发，一路上大家还只管谈论昨晚的事。

我的好友很冷静，很谨慎持重。男同学背后给她个诨名，称为"理智化"。她和我同走，和同伙离开了相当距离，忽然对我说：

"你昨晚是没有锁门。"

原来她也没看完电影。她知道我对电影不怎么爱看，从大礼堂出来望见星月皎洁，回宿舍就想找我出去散步。她到我门外，看见门已带上。我们那扇关不严的门带上了还留一条很宽的门缝，她从门缝里看见屋里没灯，我的帐子已经放下，知道我已睡下，就回房去了。

我说："你没看错吗？"

"隔着你的帐子，看得见你帐子后面的纱窗。"——因为窗外比窗内亮些。如果锁上门，没有那条大门缝，决计看不见我的帐子和帐子后面的窗子。可是我什么时候又下床锁上了门呢？我得从褥子下拉开帐子，以后又得压好帐子的下围。这都不是顺手的。我怀疑她看惯了那条大门缝，所以看错。可是我那位朋友是清醒而又认真的人，她决不牵强附会，将无作有。我又怀疑自己大考考累了，所以睡得那么死。可是大考对我毫无压力，我也从不"开夜车"，我的同学都知道。

全宿舍的同学都不信一个活人能睡得那么死，尤其是我。

大家议论纷纷，说神说鬼。

据传说，我们那间屋里有"仙"。我曾问"仙"是什么个样儿。有人说："美人。"我笑说："美人我不怕。"有人说："男人看见的是美人，女人看见的是白胡子老头儿。"我说："白胡子老头儿我也不怕。"这话我的确说过，也不是在我那间屋里说的。难道这两句话就说不得，冒犯了那个"仙"？

那天我们走完一圈城墙回校，很多人劝我和淑姐换个屋子睡一夜，反正明天就回家过暑假了。我先还不愿意。可是收拾好书籍衣物，屋里阴暗下来，我们俩忽然觉得害怕，就搬了卧具到别人屋里去胡乱睡了一夜。暑假后，我们都搬进新宿舍了。

回顾我这一辈子，不论多么劳累，睡眠总很警觉，除了那一次。假如有第二次，事情就容易解释。可是直到现在，只有那一次，所以我想大概是碰上什么"仙"了。

一九八八年八月

忆高崇熙先生

——旧事拾零

高先生是清华大学化工系教授，大家承认他业务很好，可是说他脾气不太好，落落难合。高太太善交际，所以我们夫妇尽管不善交际，也和他们有些来往。我们发现高先生脾气并不坏，和他很合得来。

大约一九五〇年，清华附近建立了一所化工厂，高先生当厂长。他们夫妇迁进工厂，住在简陋的办公室一般的宿舍里。我们夫妇曾到他新家去拜访过两次。

一九五一年秋，一个星期日，正是晴朗的好秋天，我们忽然高兴，想出去走走。我记起高太太送了我鲜花，还没去谢谢她。我们就步出南校门，穿过麦田，到化工厂去。当时三反运动已在社会上发动起来，但是还没有转为思想改造运动。学校里的知识分子以为于己无涉，还不大关心。

我们进了工厂，拐弯曲折，到了高氏夫妇寓所。高太太进城了，家里只高先生一人。他正独坐在又像教室又像办公室的客堂里，对我们的拜访好像出乎意外，并不欢迎。他勉强请我们坐，拿了两只肮脏的玻璃杯，为我们斟了两个半杯热水瓶底带水碱的剩水。他笑得很勉强，和我们酬答也只一声两声。我觉得来得不是时候，坐不住了，就说我们是路过，顺道看看他们，还要到别处去。我们就起身告辞了。

高先生并不挽留，却殷勤送我们出来：送出客堂，送出那条走廊，送出院子，还直往外送。我们请他留步，他硬是要送，直送到工厂的大门口。我记得大门口站着个看门的，他站在那人旁边，目送我们往远处去。

我们俩走入麦田。

我说："他好像不欢迎我们。"

"不欢迎。"

"所以我不敢多坐了。"

"是该走了。"

我说："他大概有事呢，咱们打扰他了。"

"不，他没事，他就那么坐着。"

"不在看书？"

"我看见他就那么坐着，也不看书，也不做什么事。"

"哦，也许因为运动，他心绪不好。"

"我问起他们厂里的运动，他说没什么事，快完了。"

"我觉得他巴不得我们快走。"

"可是他送了又送。"

这话不错。他简直依依不舍似的，不像厌恶我们。我说："也许他简慢了咱们又抱歉了。"

"他也没有简慢。况且，他送出院子不就行了吗？"

我们俩自作聪明地琢磨来琢磨去，总觉得纳闷。他也不是冷淡，也不是板着脸，他只是笑得那么勉强，那么怪。真怪！没有别的字可以形容。

过了一天，星期二上午，传来消息：化工厂的高先生昨天自杀了。据说星期一上午，工间休息的时候，高太太和厂里的一些女职工在会客室里煮元宵吃呢，回隔壁卧房看见高先生倒在床上，脸已变黑，他服了氰酸。

我们看见他的时候，他大约正在打主意，或者已经打定主意，所以把太太支使进城。事后回想，他从接待我们到送我们出工厂大门，全都说明这一件事，都是自然的。只恨我们糊涂，没有及时了解。

　　冤案错案如今正一一落实。高先生自杀后，高太太相继去世，多少年过去了，谁还记得他们吗？高先生自杀前夕，撞见他的，大概只有我们夫妇俩。

　　　　　　　　　　　　　　一九八八年九月一日

"吾先生"

——旧事拾零

一九四九年我到清华后不久，发现燕京东门外有个果园，有苹果树和桃树等，果园里有个出售鲜果的摊儿，我和女儿常去买，因此和园里的工人很熟。

园主姓虞，果园因此称为虞园。虞先生是早年留学美国的园林学家，五十多岁，头发已经花白，我们常看见他爬在梯子上修剪果树，和工人一起劳动，工人都称他"吾先生"——就是"我们先生"。我不知道他们当面怎么称呼，对我们用第三人称，总是"吾先生"。这称呼的口气里带着拥护爱戴的意思。

虞先生和蔼可亲。小孩子进园买果子，拿出一分两分钱，虞先生总把稍带伤残的果子大捧大捧塞给孩子。有一次我和女儿进园，看见虞先生坐在树阴里看一本线装书。我好奇，想知道他看的什么书，就近前去和他攀话。我忘了他那本书的书名，只记得是一本诸子百家的书。从此我到了虞园常和他闲聊。

我和女儿去买果子，有时是工人掌秤，有时虞先生亲自掌秤。黄桃熟了，虞先生给个篮子让我们自己挑好的从树上摘。他还带我们下窖看里面储藏的大筐大筐苹果。我们在虞园买的果子，五斤至少有六斤重。

三反运动刚开始，我发现虞园气氛反常。一小部分工人——大约一两个——不称"吾先生"了，好像他们的气势比虞先生高出一头。过些时再去，称"吾先生"的只两三人了。再过些时，他们的"吾先生"不挂在嘴上，好像只闷在肚里。

有一天我到果园去，开门的工人对我说：

"这园子归公了。"

"虞先生呢?"

"和我们一样了。"

这个工人不是最初就不称"吾先生"的那派，也不是到后来仍坚持称"吾先生"的那派，大约是中间顺大流的。

我想虞先生不会变成"工人阶级"，大约和其他工人那样，也算是园子里的雇员罢了，可能也拿同等的工资。

一次我看见虞先生仍在果园里晒太阳，但是离果子摊儿远远的。他说：得离得远远的，免得怀疑他偷果子。他说，他吃园里的果子得到市上去买，不能在这里买，人家会说他多拿了果子。我几次劝他把事情看开些，得随着时世变通，反正他照样为自己培植的果树服务，不就完了吗？果园毕竟是身外之物呀。但虞先生说"想不通"，我想他也受不了日常难免的腌臜气。听说他闷了一程，病了一程，终于自己触电去世。

没几年果园夷为平地，建造起一片房屋。如今虞园旧址已无从寻觅。

一九八八年九月二日

闯祸的边缘

——旧事拾零

珍珠港事变后，上海的"孤岛"已经"淹没"——就是说，租界也被日军控制。可是上海的小学校还未受管辖。我当时正在一个半日小学做代课先生；我贪图学校每月给的三斗米，虽然不是好米，却比当局配给的细砂混合的米粞强得多。我也贪图上课只下午半天，课卷虽多，我很快就能改完。可是学校在公共租界，很远，我家住法租界。我得乘车坐到法租界的边缘，步行穿过不属租界的好一段路，再改乘公共租界的有轨电车。车过黄浦江上的大桥，只许过空车，乘客得步行过桥。桥上有日本兵把守。车上乘客排队过桥，走过日本兵面前，得向他鞠躬。我不愿行这个礼，低着头就过去了，侥幸没受注意。后来改变办法，电车载着乘客停在桥下，由日本兵上车检查一遍，就开过桥去，免得一车人下车又上车。不过日本兵上车后，乘客都得站起来。

有一次，我站得比别人略晚了些，这也和我不愿鞠躬同一道理。日本兵觉察了，他到我面前，瞧我低头站着，就用食指在我额下猛一抬。我登时大怒。他还没发话，我倒发话了。我不会骂人，只使劲咬着一字字人声说："岂有此理！"

日本兵一上车，乘客就停止说话，车上原是静的。可是我这一发作，车上的静默立即升到最高度，地上如有蚂蚁爬，该也能听见声音。我自己知道闯祸了。假如日本人动手打我，我能还手吗？我看见日本兵对我怒目而视。我想，我和他如目光相触，就成了挑战。我怎能和他挑战呢？但事已至此，也不可示弱。我就怒目瞪着前面的车窗。我们这样相持不知多久，一秒钟比一分钟还长。那日本人终于转过身，我听他蹬着笨重的军靴一步步出去，瞥见他几次回头看我，我保持原姿态一动都不动。他一步步走出车厢，一级级走下车，电车又缓缓开动。同车厢的乘客好似冰冻的人一个个融化过来，闹哄哄地纷纷议论。

我旁边的同事吓呆了。她喘了口气说："啊唷！啊唷！侬吓杀吾来！侬哪能格？侬发痴啦？"我半晌没有开口，一肚子没好气，恨不能放声大哭；也觉得羞惭，成了众人注目和议论的中心。车又走了好一段路，我才慢慢意识到自己侥幸没闯大祸。那日本兵想必不懂什么"岂有此理"，这话实在很书呆子气，不显得凶狠，连我的怒容也不够厉害，只是板着脸罢了。那日本兵也许年纪较小，也许比较老实，一时上不知怎么对付了。可是，我如果明天再碰见他，我就赶紧站起来恭候他吗？不，我明天决不能再乘这辆车，得换一条路线。

换一条路线道路较远，下车还得退回半站路，中间还得走过"大世界"一带闲人、坏人丛集的地段。我走过这段路，经常碰到流氓盯梢，得急急往前走，才能脱身。有一次一个流氓盯得很紧，嘴里还风言风语。我急了，干脆停步转身，迎着他当面站定。这流氓大约是专心要找个对象，看了我的嘴脸，显然不是他的对象，就扬长走入人群中去。我只怕流氓不见得个个都这么知趣，还是避开这条远路为妙。

我早央求我那位同事注意查车的日本兵换了没有。据她说，好像天天换人。我想，日本兵既没有固定的岗位，我换了路线保不定还会碰到他。可是每天车来车往，他又怎会记得我呢。一个多星期过去了，假如再相遇，我也不认识他了。我不妨仍走原路。我回复原路线的头几天心上还惴惴不安，只恨乘客不够拥挤。总算不久我教课的小学由日本人接管了，我也就辞职了。

　　　　　　　　　　　　　　　　　　一九八八年九月三日

花花儿

　　我大概不能算是爱猫的，因为我只爱个别的一只两只，而且只因为它不像一般的猫而似乎超出了猫类。

　　我从前苏州的家里养许多猫，我喜欢一只名叫大白的。它大概是波斯种，个儿比一般的猫大，浑身白毛，圆脸，一对蓝眼睛非常妩媚灵秀，性情又很温和。我常胡想，童话里美女变的猫，或者能变美女的猫，大概就像大白。大白如在户外玩够了想进屋来，就跳上我父亲书桌横侧的窗台，一只爪子软软地扶着玻璃，轻轻叫唤一声，看见父亲抬头看见它了，就跳下地，跑到门外蹲着静静等候。饭桌上尽管摆着它爱吃的鱼肉，它决不擅自取食，只是忙忙地跳上桌子又跳下地，仰头等着。跳上桌子是说："我也要吃。"跳下地是说："我在这儿等着呢。"

　　默存和我住在清华的时候养一只猫，皮毛不如大白，智力远在大白之上。那是我亲戚从城里抱来的一只小郎猫，才满月，刚断奶。它妈妈是白色长毛的纯波斯种，这儿子却是黑白杂色：背上三个黑圆，一条黑尾巴，四只黑爪子，脸上有匀匀的两个黑半圆，像时髦人戴的大黑眼镜，大得遮去半个脸，不过它连耳朵也是黑的。它是圆脸，灰蓝眼珠，眼神之美不输大白。它忽被人抱出城来，一声声直叫唤。我不忍，把小猫抱在怀里一整天，所以它和我最亲。

我们的老李妈爱猫。她说："带气儿的我都爱。"小猫来了我只会抱着，喂小猫的是她，"花花儿"也是她取的名字。 那天傍晚她对我说："我已经给它把了一泡屎，我再把它一泡溺，教会了它，以后就不脏屋子了。"我不知道李妈是怎么"把"、怎么教的，花花儿从来没有弄脏过屋子，一次也没有。

我们让花花儿睡在客堂沙发上一个白布垫子上，那个垫子就算是它的领域。一次我把垫子双折着忘了打开，花花儿就把自己的身体约束成一长条，趴在上面，一点也不越出垫子的范围。一次它聚精会神地蹲在一叠箱子旁边，忽然伸出爪子一捞，就逮了一只耗子。那时候它还很小呢。李妈得意说："这猫儿就是灵。"它很早就懂得不准上饭桌，只伏在我的座后等候。李妈常说："这猫儿可仁义。"

花花儿早上见了李妈就要她抱。它把一只前脚勾着李妈的脖子，像小孩儿那样直着身子坐在李妈臂上。李妈笑说："瞧它！这猫儿敢情是小孩子变的，我就没见过这种样儿。"它早上第一次见我，总把冷鼻子在我脸上碰碰。清华的温德先生最爱猫，家里总养着好几只。他曾对我说："猫儿有时候会闻闻你，可它不是吻你，只是要闻闻你吃了什么东西。"我拿定花花儿不是要闻我吃了什么东西，因为我什么都没吃呢。即使我刚吃了鱼，它也并不再闻我。花花儿只是对我行个"早安"礼。我们有一罐结成团的陈奶粉，那是花花儿的零食。一次默存要花花儿也闻闻他，就拿些奶粉做贿赂。花花儿很懂事，也很无耻。我们夫妇分站在书桌的两头，猫儿站在书桌当中。它对我们俩这边看看，那边看看，要往我这边走，一转念，决然走到拿奶粉罐的默存那边去，闻了他一下脸。我们都大笑说："花花儿真无耻，有奶便是娘。"可是这充分说明，温德先生的话并不对。

一次我们早起不见花花儿。李妈指指茶几底下说："给我拍了一下，躲在那儿委屈呢。我忙着要扫地，它直绕着我要我抱，绕得我眼睛都花了。我拍了它一下，瞧它！赌气了！"花花儿缩在茶几底下，一只前爪遮着脑门子，满脸气苦，我们叫它也不出来。还是李妈把它抱了出来，抚慰了一下，它又照常抱着李妈的脖子，挨在她怀里。我们还没看见过猫儿会委屈，那副气苦的神情不是我们唯心想象的。它第一次上了树不会下来，默存设法救了它下来，它把爪子软软地在默存臂上搭两下，表示感激，这也不是我们主观唯心的想象。

花花儿清早常从户外到我们卧房窗前来窥望。我睡在离窗最近的一边。它也和大白一样，前爪软软地扶着玻璃，只是一声不响，目不转睛地守着。假如我不回脸，它决不叫唤；要等看见我已经看见它了，才叫唤两声，然后也像大白那样跑到门口去蹲着，仰头等候。我开了门它就进来，跳上桌子闻闻我，并不要求我抱。它偶然也闻闻默存和圆圆，不过不是经常。

它渐渐不服管教，晚上要跟进卧房。我们把它按在沙发上，可是一松手它就蹿进卧房；提出来，又蹿进去，两只眼睛只顾看着我们，表情是恳求。我们三个都心软了，就让它进屋，看它进来了怎么样。我们的卧房是一长间，南北各有大窗，中间放个大衣橱，把屋子隔成前后两间，圆圆睡后间。大衣橱的左侧上方是个小橱，花花儿白天常进卧房，大约看中了那个小橱。它仰头对着小橱叫。我开了小橱的门，它一蹿就蹿进去，蜷伏在内，不肯出来。我们都笑它找到了好一个安适的窝儿，就开着小橱的门，让它睡在里面。可是它又不安分，一会儿又跳到床上，要钻被窝。它好像知道默存最依顺它，就往他被窝里钻，可是一会儿又嫌闷，又要出门去。我们给它折腾了一顿，只好狠狠心把它赶走。经过两三次严厉的管教，它也就听话了。

一次我们吃禾花雀，它吃了些脖子爪子之类，快活得发疯似的从椅子上跳到桌上，又跳回地上，欢腾跳跃，逗得我们大笑不止。它爱吃的东西很特别，如老玉米，水果糖，花生米，好像别的猫不爱吃这些。转眼由春天到了冬天。有时大雪，我怕李妈滑倒（她年已六十），就自己买菜。我买菜，总为李妈买一包香烟，一包花生米。下午没事，李妈坐在自己床上，抱着花花儿，喂它吃花生。花花儿站在她怀里，前脚搭在她肩上，那副模样煞是滑稽。

花花儿周岁的时候李妈病了；病得很重，只好回家。她回家后花花儿早晚在她的卧房门外绕着叫，叫了好几天才罢。换来一个郭妈又凶又狠，把花花儿当冤家看待。一天我坐在书桌前工作，花花儿跳在我的座后，用爪子在我背上一拍，等我回头，它就跳下地，一爪招手似的招，走几步又回头叫我。我就跟它走。它把我直招到厨房里，然后它用后脚站起，伸前爪去抓菜橱下层的橱门——里面有猫鱼。原来花花儿是问我要饭吃。我一看它的饭碗肮脏不堪，半碗剩饭都干硬了。我用热水把硬饭泡洗一下，加上猫鱼拌好，花花儿就乖乖地吃饭。可是我一离开，它就不吃了，追出来把我叫回厨房。我守着，它就吃，走开就不吃。后来我把它的饭碗搬到吃饭间里，它就安安顿顿吃饭。我心想：这猫儿又作怪，它得在饭厅里吃饭呢！不久我发现郭妈作弄它。她双脚夹住花花儿的脑袋，不让它凑近饭碗，嘴里却说："吃啊！吃啊！怎不吃呀？"我过去看看，郭妈忙一松腿，花花儿就跑了。我才懂得花花儿为什么不肯在厨房吃饭。

花花儿到我家一二年后，默存调往城里工作，圆圆也在城里上学，寄宿在校。他们都要周末才回家，平时只我一人吃饭。每年初夏我总"疰夏"，饭菜不过是西红柿汤，凉拌紫菜头之类。花花儿又作怪，它的饭碗在我座后，它不肯在我背后吃。我把它的饭碗挪在饭桌旁边，它才肯吃；吃几口就仰头看着我，等我给它滴上半匙西红柿汤，它才继续吃。我假装不看见也罢，如果它看见我看见它了，就非给它几滴清汤。我觉得这猫儿太唯心了，难道它也爱喝清汤！

猫儿一岁左右还不闹猫，不过外面猫儿叫闹的时候总爱出去看热闹。它一般总找最依顺它的默存，要他开门，把两只前爪抱着他的手腕子轻轻咬一口，然后叼着他的衣服往门口跑，前脚扒门，抬头看着门上的把手，两只眼睛里全是恳求。它这一出去就彻夜不归。好月亮的时候也通宵在外玩儿。两岁以后，它开始闹猫了。我们都看见它争风打架的英雄气概，花花儿成了我们那一区的霸。

有一次我午后上课，半路上看见它"嗷、嗷"怪声叫着过去。它忽然看见了我，立即回复平时的娇声细气，"啊，啊，啊"向我走来。我怕它跟我上课堂，直赶它走。可是它紧跟不离，直跟到洋灰大道边才止步不前，站定了看我走。那条大道是它活动区的边界，它不越出自定的范围。三反运动期间，我每晚开会到半夜三更，花花儿总在它的活动范围内迎候，伴随我回家。

花花儿善解人意，我为它的聪明惊喜，常胡说："这猫儿简直有几分'人气'。"猫的"人气"，当然微弱得似有若无，好比"人为万物之灵"，人的那点灵光，也微弱得只够我们惶惑地照见自己多么愚昧。人的智慧自有打不破的局限，好比猫儿的聪明有它打不破的局限。

花花儿毕竟只是一只猫。三反运动后"院系调整"，我们并入北大，迁居中关园。花花儿依恋旧屋，由我们捉住装入布袋，搬入新居，拴了三天才渐渐习惯些，可是我偶一开门，它一道电光似的向邻近树木繁密的果园蹿去，跑得无影无踪，一去不返。我们费尽心力也找不到它了。我们伤心得从此不再养猫。默存说："有句老话：'狗认人，猫认屋'，看来花花儿没有'超出猫类'。"他的《容安室休沐杂咏》还有一首提到它："音书人事本萧条，广论何心续孝标。应是有情无着处，春风蛱蝶忆儿猫。"

一九八八年九月

控诉大会

三反运动期间，我在清华任教。当时，有的大学举办了资产阶级腐朽思想的图书展览，陈列出一批思想腐朽的书籍。不过参观者只能隔着绳索圈定的范围，遥遥望见几个书题和几个人名，无从体会书籍如何腐朽。我校举行的控诉大会就不同了。全校师生员工大约三千人都参加，大礼堂里楼上楼下坐得满满的。讲台上有声有色的控诉，句句都振动人心。

我也曾参与几个"酝酿会"。那就是背着被控诉的教师，集体搜索可资控诉的材料，例如某教师怎么宣扬资产阶级的生活方式，某教师怎么传布资产阶级的思想等等。

我当时教一门"危险课"。外文系的"危险课"原有三门：诗歌、戏剧、小说。后来这三门课改为选修，诗歌和戏剧班上的学生退选，这两门课就取消了。我教的是大三的英国小说，因为仍有学生选修，我只好开课。我有个朋友思想很进步，曾对我说，你那老一套的可不行了，得我来教教你。我没有虚心受教，只留心回避思想意识，着重艺术上的分析比较，一心只等学生退选。两年过去了，到第三年，有些大学二年的学生也选修这门课，可是他们要求精读一部小说，而大三的学生仍要求普遍的分析讨论。我就想乘机打退堂鼓。但不知谁想出一个两全法：精读一部小说，同时着重讨论这部小说的技巧。当时选定精读的小说是狄更斯的《大卫·科波菲尔》。狄更斯受到马克思的赞许，也受到进步评论家的推重，公认为进步小说家。他那部小说精读太长，只能选出部分，其余供浏览，或由老师讲述几句，把故事联上就行。

可是狄更斯的进步不免令人失望。比如主人公穷困时在工厂当擦皮鞋的小工，当然很进步，可是他公然说，他最痛苦的是日常与下等人为伍。把工人看作"下等人"，羞与为伍，我可怎么代作者装出进步面貌呢？最简便的办法是跳过去！小说里少不了谈情说爱的部分。我认为狄更斯喜剧性地描写中下层社会中年男女谈情，实在是妙极了，可是描写男女主人公的恋爱，往往糟得很，我干脆把谈恋爱的部分全部都跳过拉倒。

跳，有时有绊脚石。一次，精读的部分里带上一句牵涉到恋爱的话。主人公的房东太太对他说："你觉也不睡，饭也不吃，我知道你的问题。"学生问："什么问题？"我得解答：房东太太点出他在恋爱。我说：写恋爱用这种方式是陈腐的滥调。十八世纪菲尔丁的小说里，主人公虽然恋爱，照常吃饭，照常睡觉。十九世纪的狄更斯却还未能跳出中世纪骑士道的"恋爱准则"。我不愿在这个题目上多费工夫，只举了几条荒谬的例子，表示多么可笑。我这样踢开了绊脚石。

酝酿控诉大会的时候，我正为改造思想做检讨。我的问题，学生认为比较简单。我不属"向上爬"的典型，也不属"混饭吃"的典型，我只是满足于当贤妻良母，没有新中国人民的主人翁感。我的检讨，一次就通过了。开控诉大会就在通过我检查的当天晚饭后。我带着轻松愉快的心情，随我的亲戚同去听控诉。

我那位亲戚是活动家。她不知哪里听说我的检讨获得好评，特来和我握手道贺，然后和我同去开会，坐在我旁边。主席谈了资产阶级思想的毒害等等，然后开始控诉。

有个我从没见过的女孩子上台控诉。她不是我班上的学生，可是她咬牙切齿、顿足控诉的却是我。她提着我的名字说：

"×××先生上课不讲工人，专谈恋爱。

"×××先生教导我们，恋爱应当吃不下饭，睡不着觉。

"×××先生教导我们，见了情人，应当脸发白，腿发软。

"×××先生甚至于教导我们，结了婚的女人也应当谈恋爱。"

她怀着无比愤恨，控诉我的毒害。我的亲戚晚饭后坐在人丛里已开始打鼾，听到对我的这番控诉，戛然一声，停止打鼾，张大了眼睛。大礼堂里几千双眼睛都射着我。我只好效法三十年代的旧式新娘，闹房时戴着蓝眼镜，装作不闻不见，木然默坐。接下还有对别人的控诉，可是比了对我的就算不得什么了。控诉完毕，群众拥挤着慢慢散去，一面闹哄哄地议论。我站起身，发现我的亲戚已不知去向。

谁这么巧妙地断章取义、提纲上线的，确实为控诉大会立了大功。但我那天早上的检讨一字未及"谈恋爱"，怎么就没人质问，一致通过了呢？不过我得承认，这番控诉非常动听，只是我给骂得简直不堪了。

我走出大礼堂，恰似刚从地狱出来的魔鬼，浑身散发着硫磺臭，还带着熊熊火焰；人人都避得远远的。暗昏中，我能看到自己周围留着一圈空白，群众在这圈空白之外纷纷议论，声调里带着愤怒。一位女同志（大约是家庭妇女）慨叹说："咳！

还不如我们无才无能的呢!" 好在她们不是当面批评,我只远远听着。

忽然我们的系主任吴达元先生走近前来,悄悄问:"你真的说了那种话吗?"

我说:"你想吧,我会吗?"

他立即说:"我想你不会。"

我很感激他,可是我也谨慎地离他远些,因为我知道自己多么"臭"。

我独自一人回到家里。那个时期家里只有我和一个女佣,女佣早已睡熟。假如我是一个娇嫩的女人,我还有什么脸见人呢? 我只好关门上吊啊! 季布壮士,受辱而不羞,因为"欲有所用其未足也"。我并没有这等大志。我只是火气旺盛,像个鼓鼓的皮球,没法按下个凹处来承受这份侮辱,心上也感不到丝毫惭愧。我看了一会书就睡觉。明早起来,打扮得喜盈盈的,拿着个菜篮子到校内菜市上人最多的地方去招摇,看不敢理我的人怎样逃避我。

有人见了我及早躲开,有人佯佯不睬,但也有人照常和我招呼,而且有两三人还和我说话,有一人和我说笑了好一会。一星期后,我在大礼堂前稠人广众中看见一个老朋友,她老远地躲开了我。可是另有个并不很熟的女同志却和我有说有讲地并肩走了好一段路。避我只在情理之中，我没有怨尤。不避我的，我对他们至今感激。

不久《人民日报》上报道了我校对资产阶级腐朽思想的控诉大会，还点了我的名为例："×××先生上课专谈恋爱。"幸亏我不是名人，点了名也未必有多少人知道。

我的安慰是从此可以不再教课。可是下一学期我这门选修课没有取消，反增添了十多个学生。我刚经过轰轰烈烈的思想改造，诚心诚意地做了检讨，决不能再消极退缩。我也认识到大运动里的个人是何等渺小。我总不能借这点委屈就掼纱帽呀！我难道和资产阶级腐朽思想结下了不解之缘吗？我只好自我譬解：知道我的人反正知道；不知道的，随他们怎么想去吧。人生在世，冤屈总归是难免的。

虽然是一番屈辱，却是好一番锤炼。当时，我火气退去，就活像一头被车轮碾伤的小动物，血肉模糊的创口不是一下子就能愈合的。可是，往后我受批评甚至受斗争，总深幸这场控诉大大增强了我的韧劲。

一九八八年九月

黑皮阿二

日军侵华，上海已沦陷。苏州振华女校特在上海开了个分校，在租界的孤岛上开学，挂上学校的牌子。我好比"狗耕田"，当了校长。我们的事务主任告诉我，凡是挂牌子的（包括学校），每逢过节，得向本区地痞流氓的头儿送节赏。当时我年纪未满三十，对未曾经历的事兴趣甚浓。地痞流氓，平时逃避都来不及，从不敢正面相看，所以很想见识见识他们的嘴脸。

恰逢中秋佳节，讨赏的来了一个又一个。我的模样既不神气，也不时髦，大约像个低年级的教师或办公室的职员，反正绝不像校长。我问事务主任："我出去看看行不行？"他笑说："你看看去吧。"

我冒充他手下的职员，跑到接待室去。

来人身材矮小，一张黑皱皱的狭长脸，并不凶恶或狡猾。

我说："刚开发了某某人，怎么又来了？"

他说："××啊？伊是'瘪三'！"

"前天还有个××呢？"

他说："伊是'告化甲头'。"

我诧异地看着他问："侬呢？"

他跷起大拇指说："阿拉是白相人啦！"接着一口气列举上海最有名的"白相人"，表示自己是同伙。然后伸手从怀里掏出一张名片。这张名片纸质精良，比通常用的窄四分之一，名字印在上方右侧，四个浓黑的字："黑皮阿二"。

我看着这枚别致的名片，乐得心上开花。只听他解释说："阿拉专管抢帽子、抢皮包。""专管"云云，可以解作专干这件事，也可以解作保管不出这种事。我当时恰似小儿得饼，把别的都忘了，没再多听听他的宏论，忙着进里间去向事务主任汇报，让他去对付。

我把这枚希罕的名片藏在皮包里，心想：我这皮包一旦被抢，里面有这张名片，说不定会有人把皮包还我。他们得讲"哥们儿义气"呀！可惜我几番拿出来卖弄，不知怎么把名片丢了。我也未及认清那位黑皮阿二。

一九八八年十二月

赵佩荣与强英雄

赵佩荣拿起电话听筒，不论是收听或打出去，必定先切实介绍自己："我是庙堂巷杨家的门房。我叫赵佩荣。赵——就是走肖赵——走肖赵……"他的声调至今还在我耳朵里呢。我爸爸常在自己卧室的厢房里工作，电话安在厢房墙外。爸爸每逢佩荣再三反复地说"走肖赵——走肖赵……"就急得撂下正在做的事，往妈妈屋里躲，免得自己爆炸。我们听了佩荣的"走肖赵，走肖赵"又着急，又要笑；看到爸爸冒火，要笑又不敢笑。可是谁也不好意思告诉赵佩荣，他没有必要介绍自己。幸亏接电话不是他的任务，除非他经过那里恰逢电话铃响。不过，打电话向肉店定货等等是他的事。

赵佩荣是无锡安镇人，自说曾任村塾老师，教过《古文观止》，也曾在寺院里教和尚念经。他的毛笔字虽然俗气，却很工整。他能为人用朱笔抄佛经。

他五十来岁，瘦瘦的中等个儿，背微驼，脸容消瘦，嘴上挂着两撇八字胡子，"八"的一撇一捺都往下垂。他走路迈方步，每说话，总赔着抱歉似的笑，把嘴唇尖呀尖的，然后先说声"这个这个"——安镇土音是"过个是个……"。平时他坐在门房里，有客来，他只需叫经常在他身边的阿福到里面去通报，他只管倒茶。女佣买菜回来，坐在门房里请他记账。他有许多印得字细行密的小说，如《济公传》、《包公传》、《说岳》之类，闲时就戴上花镜看看。他什么事都能干。他为我们磨墨，能磨得浓淡适宜。打毛衣的竹针往往粗细不匀，他能磨得光滑匀称。他也能做蚊香的架子。他简直像堂吉诃德所形容的骑士那样，家常琐事件件都能。件件都能，其实也就是一无所长。他显然是个典型的平庸人。

夏天他买只新的藤躺椅，有抽屉能抽出搁脚，比我爸爸的旧躺椅讲究也舒服。他坐在外边大柏树大院里乘凉，隔着长廊是一片三十多棵梅树的院子，绿叶成荫，透着凉意。我两个弟弟喜欢跟佩荣一起乘凉，听他讲自己的往事。

佩荣说，他本姓强，叫强英雄。他是过继给赵家做儿子的。他可是个真正的"浪子回头金不换"。吓！他"从前的荒唐啊"，简直独一无二！往常抽大烟的不酗酒，酗酒的不抽大烟，他却又是烟鬼，又是酒鬼。吓！他"从前真是作尽了孽"！

我们听了弟弟的转述，不能相信。佩荣那么个好人，能作什么孽！我们怀疑他自愧窝囊而向往英雄，所以学着浪漫派的小说家，对着镜子把自己描绘成英雄，而且像浪漫主义的角色，卖弄自己并没有的罪过。我们教弟弟盘问他怎么荒唐，怎么作孽。

佩荣说：他喝醉了酒，夜深回家，在荒坟野地里走，把露出地面的棺材踩得嘎嘎地响，有些棺材板都给他踩穿了。

也许他当着我的弟弟，说话有顾忌，但我们只笑他想象有限，踩破几块棺材板算什么大不了的事呢！他就创造不出更离奇的荒唐史或作孽的事了。

他又讲起自己的儿子，更坐实了我们的怀疑——他在编故事。他说有四个儿子。大儿子是种田的，二儿子是木匠，三儿子当兵，四儿子做官，是个县知事，这个儿子最坏。他最喜欢当兵的老三。这种故事中国外国都很普通。

赵佩荣大概真的抽过大烟。一次，他告诉我爸爸：打官司的某某当事人准有烟瘾，在屏门前掉落一个烟泡。他把烟泡呈给我爸爸看，爸爸不在意，叫他扔了。佩荣哪里肯扔，他后来向家里女佣人承认，他倒杯茶把烟泡吞了。我妈妈背后笑说：这真是所谓"熟煤头一点就着"。可是他并不因此又想抽大烟。他连香烟都不抽，酒也不喝。

自从佩荣来我家当门房，我家的佣人逐渐都是安镇人了。他经常为镇上的倒霉人向妈妈求情："太太，让他（或她）来干干活儿，给口饭吃就行。"他净给我家招些没用的人。门口来了"强横叫化子"，他大把的铜板施舍——虽然不是他自己的钱。这类行径大概也带些浪子气息。可是他连"生病"二字都忌讳，他如果病了，只说"有点咣不力"（土话，没力气）。我们暗笑他真是好个"英雄"。

他在我家十多年，从没听说他和家里人有什么来往。直到日军入侵，苏州沦陷的前夕，他那个做官的儿子忽派人来接了他到任所去。当时我不在家。我一再问爸爸："佩荣真有个做官的儿子吗？"爸爸说，确是真的，那儿子是一个小县的县知事。

想到赵佩荣的做官儿子，常使我琢磨"强英雄"是否也是真的？"英雄"这名字是谁给起的？大概浪漫故事总根据民间实事，而最平凡的人也会有不平凡的胸襟。

一九九〇年六月

阿福和阿灵

阿福也不知是十几岁，看来只像七八岁的小孩，因为从小挨饿，发育到此为止了。他家穷，爹死了，娘养不活大群孩子，就把最小的给别人家做儿子。可是收养他的人又死了；那家把他又给别家，后来收养他的人又死了。人人都说他是个苦命人。我家门房赵佩荣是他同乡，就向我妈妈说："太太行个好事吧，收留了他，给口饭吃，叫他打打杂也好。"他就到我家来了。妈妈因他命苦，为他取名"阿福"，借吉祥字儿去防御厄运。

不记得妈妈给了阿福什么好东西，他说要留给他娘。妈妈说这阿福是个好孩子，有良心，得了好东西就想到娘；所以妈妈处处护着他。妈妈平时吃什么东西，总留些给阿福吃，常说："阿福，你放在嘴里吃了吧。"我们都笑妈妈："不放在嘴里，叫他哪儿吃呀！"其实妈妈的意思很明显，无非说：这不过是一点点，一口两口就没了。

阿福在我家可乐了。赵佩荣有一副小型的木匠家具（可能是他那个木匠儿子给置备的）：小斧子、小刨子、小锯子、小斜凿，一应俱全。阿福拣些硬木，锯呀，刨呀，做成大大小小的匣子，有的还带着匣盖，盖上还嵌一块玻璃。他玩得很有意思。如叫他后园去拔草，他就在后园捉蚱蜢，摘野花。阿福有个特殊的笑，不是嘻嘻哈哈，而是踏踏实实的傻笑，笑声如"格以啊"的切音，那是"阿福笑"。一次有客人来了，阿福进来通报完毕，就擅自去招待客人。我们偶在外面听见，他就像猪八戒见了妖精直呼"妖精"那样，大声说："客人，你请坐呀"（他的乡音是"能请坐嗻"），说得字字着实，然后赔上一声"阿福笑"，得意而出。我们谁也没责怪他，不过那位客人一定很诧异。

妈妈要为阿福攒钱娶一房媳妇，还要教他学一门手艺。我们说阿福手巧，叫他学"小木匠"吧。"小木匠"不是盖房子的木匠，而是做木器家具的。苏州的小木匠有极精巧的工艺，阿福远不够格儿。他也永远没长大成人。他来我家几年后，只长大了一圈，仍然是个发育不全的孩子。

从前在人家帮佣，工钱之外，还有别的收入，例如节赏、年赏、送礼的脚钱、端茶送点心的赏钱等等。尖利的佣工往往抢干这类"巧宗儿"。我妈妈把这类的钱一律归公，过节时按劳分配。阿福虽呆，总也分得一份，加上工资，很快就攒满百把块银元了。可是阿福每逢他的财富将近百元，就要大病一场。从前的规矩，帮佣的人小病在东家休息，大病或长病就回家。阿福大病回家，钱用完，病就好，又回我家来。妈妈诧怪说："阿福怎么这样命薄，连一百块钱都招不住。"

我家厨子结婚走了。妈妈就教阿福做厨子，让他上街买菜。他一下子攒了三百元。他在市上活动，结交了三朋四友。准是他向人炫耀了自己的财富，就有人要招他去当"小少爷"。妈妈叫他勿上当，他却执意要去做人家的"小少爷"。他怕妈妈拦阻，竟半夜跑到女佣住的楼上，掀起小阿妹的帐子，要上她的床。这分明是有人教唆的。妈妈没奈何，只好叫佩荣把阿福送到那家去做"小少爷"。

过了两三天，妈妈叫佩荣去看看。佩荣回来说，阿福穿了花缎袍子、黑缎马褂，戴着个红结子瓜皮帽，在做"小少爷"呢。

随后赵佩荣被他的小儿子接走了。随后我家也逃难下乡。但逃难前夕，忽收到阿福乡里人来信，信上是半通不通的文言，大意说：阿福的钱已全给骗光，身上的衣服也剥掉了，赶在地里干重活，阿福就此"生有神经之病"。看来阿福已被赶回乡去。我家也逃难出城了，竟不知阿福如何下落。

按童话故事的惯例，阿福那样混沌未凿的痴儿，往往特邀天佑。阿福不该落到如此下场。也许他混沌初辟，便热衷于做"小少爷"，以致我妈妈的回护都无用了。

阿灵是个极愚蠢的村妇。阿福比了阿灵，可算"灵童"了。阿灵身躯槲榡，面目黧黑，相貌远不如电视剧里的猪八戒那样"俊"。她一双昏昏的小眼睛，一张大嘴巴。她数数只能数到二。她生了个儿子，自己睡熟，把儿子压死了。因此丈夫也打她，公婆也打她，打得她无处容身。于是赵佩荣又来求妈妈："做个好事收容了她吧。"阿灵就到我家来了。那时正当盛暑，她穿一身又厚又粗的蓝布衣裤。她不会扫地，叫她拔草，她就搬个小凳子坐在草丛里，两手胡乱抓把草揪揪。我们学妈妈为阿福取名的道理，就叫她阿灵。

厨房里都是她的同乡。她们教她扫地抹桌，还教她做一份最低贱的工作：倒马桶。她居然都学会了。苏州城里的小家小户，每晨等粪担来了就倒马桶。大户人家都有个大缸储粪。粪是值钱的。阿灵倒马桶，粪钱就全归她，别人不能分润。有一天早上，我妈妈偶到后园，只见后门大开，藏粪缸的屋门也大开，许多挑粪的抢也似的抢着挑。阿灵俨然主人，站在一旁看着。她很得意地告诉妈妈："他们肯出十二个铜板一担，我说不行，我要一百个铜钱一担！"一百个铜钱只是十个铜板，怪不得那些担粪的忙不迭地担，几乎把那口大缸都挑空了。妈妈无法向她讲明她吃了亏。反正她很得意，把钱都交给妈妈为她收藏。

有一次，她听同伙传说，某家在物色一个姨娘，主要条件是要能生育。阿灵对我妈妈说："我去吧。我会生。我生过。"大家笑她，她也不知有何可笑。

一次她忽听到买奖券中奖的事，一本正经告诉妈妈她要买奖券。妈妈说："好啊，你有的是钱啊。"她说："不，我要借太太的钱买。中了奖呢，是我买的；不中呢，就是太太买的。"妈妈笑说："你要这么多钱干什么呀？"

她说："横在枕头边，看看，数数，摸摸。"她倒好像挖苦守财奴呢。

一两年后，她丈夫来接她回去。她已学到些本领，起码的家务事都能干了，脸色也红润了，人也不像以前那么呆木了。妈妈已为她添了几套衣服，还攒下许多钱。阿灵回乡很风光，不再挨打。她简直像旧时代的"衣锦还乡"或近代的留学回国！

至于阿福阿灵两人的"后事如何"，我无从作"下回分解"了。

一九九〇年六月

记杨必

杨必是我的小妹妹，小我十一岁。她行八。我父亲像一般研究古音韵学的人，爱用古字。杨必命名"必"，因为"必"是"八"的古音；家里就称阿必。她小时候，和我年龄差距很大。她渐渐长大，就和我一般儿大。后来竟颠倒了长幼，阿必抢先做了古人。她是一九六八年睡梦里去世的，至今已二十二年了。

杨必一九二二年生在上海。不久我家搬到苏州。她的童年全是在苏州度过的。

她性情平和，很安静。可是自从她能自己行走，成了妈妈所谓"两脚众生"（无锡话"众生"指"牲口"），就看管不住了。她最爱猫，常一人偷偷爬上楼梯，到女佣住的楼上去看小猫。我家养猫多，同时也养一对哈叭狗，所以猫儿下仔总在楼上。一次，妈妈忽见阿必一脸狼狈相，鼻子上抹着一道黑。问她怎么了，她装作若无其事，只说："我囫囵着跌下来的。""囫囵着跌下来"，用语是幼稚的创造，意思却很明显，就是整个人从楼上滚下来了。问她跌了多远，滚下多少级楼梯，她也说不清。她那时才两岁多，还不大会说，也许当时惊魂未定，自己也不知道滚了多远。

她是个乖孩子，只两件事不乖：一是不肯洗脸，二是不肯睡觉。

每当佣人端上热腾腾的洗脸水，她便觉不妙，先还慢悠悠地轻声说："逃——逃——逃——"等妈妈拧了一把热毛巾，她两脚急促地逃跑，一迭连声喊"逃逃逃逃逃！"总被妈妈一把捉住，她哭着洗了脸。

我在家时专管阿必睡午觉。她表示要好，尽力做乖孩子。她乖乖地躺在摇篮里，乖乖地闭上眼，一动都不动，让我唱着催眠歌摇她睡。我把学校里学的催眠歌都唱遍了，以为她已入睡，停止了摇和唱。她睁开眼，笑嘻嘻地"点戏"说："再唱《喜旦娄》（Sweet and low，丁尼生诗中流行的《摇篮曲》）。"原来她直在品评，选中了她最喜爱的歌。我火了，沉下脸说："快点困！"（无锡话："快睡！"）阿必觉得我太凶了，乖乖地又闭上了眼。我只好耐心再唱。她往往假装睡着，过好一会儿才睁眼。

有时大家戏问阿必，某人对她怎么凶。例如："三姐姐怎么凶？"

"这是'田'字啊！"（三姐教她识字）

"绛姐怎么凶？"

"快点困！"

阿必能逼真地摹仿我们的声音语调。

"二伯伯（二姑母）怎么凶？"

"着得里一记！"（霹呀的打一下）

她形容二姑母暴躁地打她一下，也非常得神。二姑母很疼她，总怪我妈妈给孩子洗脸不得其法，没头没脑地闷上一把热毛巾，孩子怎么不哭。至于阿必的不肯睡觉，二姑母更有妙论。她说，这孩子前世准是睡梦里死的，所以今生不敢睡，只怕睡眠中又死去。阿必去世，二姑母早殁了，不然她必定说："不是吗？我早就说了。"

我记得妈妈端详着怀抱里的阿必，抑制着悲痛说："活是个阿同（一九一七年去世的二姐）！她知道我想她，所以又来了。"

阿必在小学演《小小画家》的主角，妈妈和二姑母以家长身份去看孩子演剧。阿必平时剪"童化"头，演戏化装，头发往后掠，面貌宛如二姐。妈妈抬头一见，泪如雨下。二姑母回家笑我妈妈真傻，看女儿演个戏都心痛得"眼泪嗒嗒滴"（无锡土话）。她哪里能体会妈妈的心呢。我们忘不了二姐姐十四岁病在上海医院里，日夜思念妈妈，而家在北京，当时因天灾人祸，南北路途不通，妈妈好不容易赶到上海医院看到二姐，二姐瞳孔已散，拉着妈妈的手却看不见妈妈了，直哭。我妈妈为此伤心得哭坏了眼睛。我们懂事后，心上都为妈妈流泪，对眼泪不流的爸爸也一样了解同情。所以阿必不仅是"最小偏怜"，还因为她长得像二姐，而失去二姐是爸爸妈妈最伤心的事。或许为这缘故，我们对阿必倍加爱怜，也夹带着对爸爸妈妈的同情。

阿必在家人偏宠下，不免成了个娇气十足的孩子。一是脾气娇，一是身体娇。身体娇只为妈妈怀她时身体虚弱，全靠吃药保住了孩子。阿必从小体弱，一辈子娇弱。脾气娇是惯出来的，连爸爸妈妈都说阿必太娇了。我们姊妹也嫌她娇，加上弟弟，大伙儿治她。七妹妹（家里称阿七）长阿必六岁，小姐妹俩从小一起玩，一起睡在妈妈大床的脚头，两人最亲密。治好阿必的娇，阿七功劳最大。

阿七是妈妈亲自喂、亲自带大的小女儿，当初满以为她就是老女儿了。爸爸常说，人生第一次经受的伤心事就是妈妈生下间的孩子，因为就此夺去了妈妈的专宠。可是阿七特别善良忠厚，对阿必一点不妒忌，分外亲热。妈妈看着两个孩子凑在一起玩，又心疼又得意地说："看她们俩！真要好啊，从来不吵架，阿七对阿必简直千依百顺。"

无锡人把"逗孩子"称作"引老小"。"引"可以是善意的，也可以带些"欺"和"惹"的意思。比如我小弟弟"引"阿必，有时就不是纯出善意。他催眠似的指着阿必说："哦！哭了！哭了！"阿必就应声而哭。爸爸妈妈说："勿要引老小！"同时也训阿必："勿要娇！"但阿七"引"阿必却从不挨骂。

阿七喜欢画（这点也许像二姐）。她几笔便勾下一幅阿必的肖像。阿必眉梢向下而眼梢向上。三姑母宠爱阿必，常说："我俚阿必鼻头长得顶好，小圆鼻头。"（我们听了暗笑，因为从未听说鼻子以"小圆"为美。）阿必常嘻着嘴笑得很淘气。她的脸是蛋形。她自别于猫狗，说自己是圆耳朵。阿七一面画，口中念念有词。

她先画两撇下搭的眉毛，嘴里说："搭其眉毛。"

又画两只眼梢向上的眼睛："豁（无锡话，指上翘）其眼梢。"

又画一个小圆圈儿:"小圆其鼻头。"

又画一张嘻开的大宽嘴:"薄阔其嘴。"

然后勾上童化头和蛋形的脸:"鸭蛋其脸。"

再加上两只圆耳朵:"大圆其耳。"

阿必对这幅漫画大有兴趣,拿来仔细看,觉得很像自己,便"哇"地哭了。我们都大笑。

阿七以后每画"搭其眉毛,豁其眼梢";未到"鸭蛋其脸",阿必就哭。以后不到"小圆其鼻"她就哭。这幅漫画愈画愈得神,大家都欣赏。一次阿必气呼呼地忍住不哭,看阿七画到"鸭蛋其脸",就夺过笔,在脸上点好多点儿,自己说:"皮蛋其脸!"——她指带拌糠泥壳子的皮蛋,随后跟着大伙一起笑了。这是阿必的大胜利。她杀去娇气,有了幽默感。

我们仍以"引阿必"为乐。三姑母曾给我和弟弟妹妹一套《童谣大观》,共四册,上面收集了全国各地的童谣。我们背熟很多,常挑可以刺激阿必娇气的对她唱。可惜现在我多半忘了,连唱熟的几只也记不全了。例如:"我家有个娇妹子,洗脸不洗残盆水,戴花选大朵,要簸箕大的鲤鱼鳞,要……要……要……要……要……要十八个罗汉守轿门,这个亲,才说成。"阿必不娇了，她跟着唱，抢着唱，好像与她无关。她渐渐也能跟着阿七同看翻译的美国小说《小妇人》。这本书我们都看了，大家批评小说里的艾妹（最小的妹妹）最讨厌，接下就说："阿必就像艾妹！"或"阿必就是艾妹！"阿必笑嘻嘻地随我们说，满不在乎。以后我们不再"引阿必"，因为她已能克服娇气，巍然不动了。

阿必有个特殊的本领：她善摹仿。我家的哈叭狗雌性的叫"白克明"，远比雄性的聪明热情。它一见主人，就从头到尾——尤其是腰、后腿、臀、尾一个劲儿的又扭又摆又摇，大概只有极少数的民族舞蹈能全身扭得这么灵活而猛烈，散发出热腾腾的友好与欢忻。阿必有一天忽然高兴，趴在二姑母膝上学"白克明"。她虽然是个小女孩，又没有尾巴，学来却神情毕肖，逗得我们都大乐。以后我们叫她学个什么，她都能，也都像。她尤其喜欢学和她完全不像的人，如美国电影《劳来与哈代》里的胖子哈代。她那么个瘦小女孩儿学大胖子，正如她学小狗那样惟妙惟肖。她能摹仿方言、声调、腔吻、神情。她讲一件事，只需几句叙述，加上摹仿，便有声有色，传神逼真。所以阿必到哪里，总是个欢笑的中心。

我家搬到苏州之后，妈妈正式请二姑母做两个弟弟的家庭教师，阿七也一起由二姑母教。这就是阿必"囫囵着跌下来"的时期。那时我上初中，寄宿在校，周末回家，听阿七顺溜地背《蜀道难》，我连这首诗里的许多字都不识呢，很佩服她。我高中将毕业，阿必渐渐追上阿七。一次阿必忽然出语惊人，讲什么"史湘云睡觉不老实，两弯雪白的膀子撂在被外，手腕上还戴着两只金镯子"。原来她睡在妈妈大床上，晚上假装睡觉，却在帐子里偷看妈妈床头的抄本《石头记》。不久后爸爸买了一部《元曲选》，阿七阿必大高兴。她们不读曲文，单看说白。等我回家，她们争着给我讲元曲故事，又告诉我丫头都叫"梅香"，坏丫头都叫"腊梅"，"弟子孩儿"是骂人，更凶的是骂"秃驴弟子孩儿"等等。我每周末回家，两个妹妹因五天不相见，不知要怎么亲热才好。她们有许多新鲜事要告诉，许多新鲜本领要卖弄。她们都上学了，走读，不像我住校。

"绛姐，你吃'冷饭'吗？"阿必问。

"'冷饭'不是真的冷饭。"阿七解释。

（默存告诉我，他小时走读，放晚学回家总吃"冷饭"。饭是热的，菜是午饭留下的。"吃冷饭"相当于吃点心。）

"绛姐，你吃过生的蚕豆吗？吃最嫩的，没有生腥味儿。"

"绛姐，我们会摘豌豆苗。"

"绛姐，蚕豆地里有地蚕，肥极了，你看见了准肉麻死!"她们知道我最怕软虫。

我妈妈租下贴邻一亩荒园，带着女佣开垦为菜园。两个妹妹带我到菜园里去摘最嫩的豆角，剥出嫩豆，叫我生吃，眼睁睁地看着我吃，急切等我说声"好"。她们摘些豆苗，摘些嫩豌豆，胡乱洗洗，放在锅里，加些水，自己点火煮给我吃。（这都是避开了大人干的事。她们知道厨房里什么时候没人。）我至今还记得那锅乱七八糟的豆苗和豆角，煮出来的汤十分清香。那时候我已上大学，她们是妹妹，我是姐姐。如今我这个姐姐还在，两个妹妹都没有了，是阿必最小的打头先走。

也不知什么时候起，她们就和我差不多大了。我不大看电影，倒是她们带我看，介绍某某明星如何，什么片子好看。暑假大家在后园乘凉，尽管天还没黑，我如要回房取些什么东西，单独一人不敢去，总求阿七或阿必陪我。她们不像我胆小。寒假如逢下雪，她们一老早便来叫我："绛姐，落雪了!"我赶忙起来和她们一起玩雪。如果雪下得厚，我们还吃雪；到后园石桌上舀了最干净的雪，加些糖，爸爸还教我们挤点橘子汁加在雪里，更好吃。我们三人冻红了鼻子，冻红了手，一起吃雪。我发现了爸爸和姑母说切口的秘诀，就教会阿七阿必，三人一起练习。我们中间的年龄差距已渐渐拉平。但阿必毕竟还小。我结了婚离家出国，阿必才十三岁。

一九三八年秋，我回上海看望爸爸。妈妈已去世，阿必已变了样儿，人也长高了。她在工部局女中上高中。爸爸和大姐跟我讲避难经过，讲妈妈弥留时借住乡间的房子恰在敌方炮火线上，四邻已逃避一空，爸爸和大姐准备和妈妈同归于尽，力劝阿必跟随两位姑母逃生，阿必却怎么也不肯离去。阿必在妈妈身边足足十五年，从没有分离过。以后，爸爸就带着改扮男装的大姐和阿必空身逃到上海。

逃难避居上海，生活不免艰苦。可是我们有爸爸在，仿佛自己还是包在竹箨里的笋，嵌在松球里的松子。阿必仍是承欢膝下的小女儿。我们五个姊妹（弟弟在维也纳学医）经常在爸爸身边相聚，阿必总是个逗趣的人，给大家加添精神与活力。

阿必由中学而大学。她上大学的末一个学期，爸爸去世，她就寄宿在校。毕业后她留校当助教，兼任本校附中的英语教师。阿必课余就忙着在姐姐哥哥各家走动，成了联络的主线。她又是上下两代人中间的桥梁，和下一代的孩子年龄接近，也最亲近。不论她到哪里，她总是最受欢迎的人，因为她逗乐有趣，各家的琐事细故，由她讲来都成了趣谈。她手笔最阔绰，四面分散实惠。默存常笑她"distributing herself"（分配自己）。她总是一团高兴，有说有讲。我只曾见她虎着脸发火，却从未看到她愁眉苦脸、忧忧郁郁。

阿必中学毕业，因不肯离开爸爸，只好在上海升学，考进了震旦女子文理学院。主管这个学校的是个中年的英国修女，名Mother Thornton，我女儿译为"方凳妈妈"。我不知她在教会里的职位，只知她相当于这所大学的校长。她在教员宿舍和学生宿舍里和教员、学生等混得相当熟。"方凳"知道杨必向往清华大学，也知道她有亲戚当时在清华任职。大约是阿必毕业后的一年——也就是胜利后的一年，"方凳"要到北京（当时称北平）开会。她告诉杨必可以带她北去，因为买飞机票等等有方便。阿必不错失时机，随"方凳"到了北京。"方凳"开完会自回上海，阿必留在清华当了一年助教，然后如约回震旦教课。

阿必在震旦上学时，恰逢默存在那里教课，教过她。她另一位老师是陈麟瑞先生。解放后我们夫妇应清华大学的招聘离沪北上，行前向陈先生夫妇辞行。陈先生当时在国际劳工局兼职，要找个中译英的助手。默存提起杨必，陈先生觉得很合适。阿必接受了这份兼职，胜任愉快。大约两三年后这个局解散了，详情我不清楚，只知道那里报酬很高，阿必收入丰富，可以更宽裕地"分配自己"。

解放后"方凳"随教会撤离，又一说是被驱逐回国了。"三反"时阿必方知"方凳"是"特务"。阿必得交代自己和"特务"的关系。我以为只需把关系交代清楚就完了，阿必和这位"特务"有什么不可告人的关系呢！可是阿必说不行，已经有许多人编了许多谎话，例如一个曾受教会照顾、免交学费的留校教师，为了表明自己的立场，说"方凳"贪污了她的钱等等离奇的话。阿必不能驳斥别人的谎言，可是她的老实交代就怎么也"不够"或"很不够"了。假如她也编谎，那就没完没了，因为编开了头也是永远"不够"的。她不肯说谎，交代不出"方凳"当"特务"的任何证据，就成了"拒不交代"，也就成了"拒不检讨"，也就成了"拒绝改造"。经过运动的人，都会了解这样"拒绝"得有多大的勇敢和多强的坚毅。阿必又不是天主教徒，凭什么也不必回护一个早已出境的修女。而且阿必留校工作，并非出于这位修女的赏识或不同一般的交情，只为原已选定留校的一位虔诚教徒意外地离开上海了，杨必凑巧填了这个缺。我当时还说："他们（教会）究竟只相信'他们自己人'。"阿必交代不出"方凳"当"特务"的证据，当然受到嫌疑，因此就给"挂起来"了——相当长期地"挂"着。她在这段时期翻译了一本小说。阿必正像她两岁半"囫囵着跌下"时一样的"若无其事"。

傅雷曾请杨必教傅聪英文。傅雷鼓励她翻译。阿必就写信请教默存指导她翻一本比较短而容易翻的书，试试笔。默存尽老师之责，为她找了玛丽亚·埃杰窝斯的一本小说，建议她译为《剥削世家》。阿必很快译完，也很快就出版了。傅雷以翻译家的经验，劝杨必不要翻名家小说，该翻译大作家的名著。阿必又求教老师。默存想到了萨克雷名著的旧译本不够理想，建议她重译，题目改为《名利场》。阿必欣然准备翻译这部名作，随即和人民文学出版社订下合同。

杨必的"拒不交代"终究获得理解。领导上让她老老实实做了检讨过关。全国"院系调整"，她分配在上海复旦大学外文系，评定为副教授。该说，她得到了相当高的重视；有些比她年纪大或资格好或在国外得到硕士学位的，只评上讲师。

阿必没料到自己马上又要教书。翻译《名利场》的合同刚订下，怎么办？阿必认为既已订约，不能拖延，就在业余翻译吧。她向来业余兼职，并不为任务超重犯愁。

阿必这段时期生活丰富，交游比前更广了。她的朋友男女老少、洋的土的都有。她有些同事比我们夫妇稍稍年长些，和她交往很熟。例如高君珊先生就是由杨必而转和我们相熟的；徐燕谋、林同济、刘大杰各位原是和我们相熟而和杨必交往的。有一位乡土味浓厚而朴质可爱的贾植芳，曾警告杨必：她如不结婚，将来会变成某老姑娘一样的"僵尸"。阿必曾经绘声绘色地向我们叙说并摹仿。也有时髦漂亮而洋派的夫人和她结交。也许我对她们只会远远地欣赏，阿必和她们却是密友。阿必身材好，讲究衣着，她是个很"帅"的上海小姐。一九五四年她因开翻译大会到了北京，重游清华。温德先生见了她笑说："Eh，杨必！smart as ever！"默存毫不客气地当面批评"阿必最 vain"，可是阿必满不在乎，自认"最虚荣"，好比她小时候自称"皮蛋其脸"一样。

爸爸生前看到嫁出的女儿辛勤劳累，心疼地赞叹说："真勇！"接下就说阿必是个"真大小姐"。阿必心虚又淘气地嬉着嘴笑，承认自己无能。她说："若叫我缝衣，准把手指皮也缝上。"家事她是不能干的，也从未操劳过。可是她好像比谁都老成，也有主意。我们姐妹如有什么问题，总请教阿必。默存因此称她为"西碧儿"（Sibyl，古代女预言家）。阿必很幽默地自认为"西碧儿"。反正人家说她什么，她都满不在乎。

阿必和我虽然一个在上海，一个在北京，但因通信勤，彼此的情况还比较熟悉。她偶来北京，我们就更有说不完的话了。她曾学给我听某女同事背后议论她的话："杨必没有'it'。"（"it"指女人吸引男人的"无以名之"的什么东西）阿必乐呵呵地背后回答："你自己有就行了，我要它干吗！"

杨必翻译的《名利场》如期交卷，出版社评给她最高的稿酬。她向来体弱失眠，工作紧张了失眠更厉害，等她赶完《名利场》，身体就垮了。当时她和大姐三姐住在一起。两个姐姐悉心照料她的饮食起居和医疗，三姐每晚还为她打补针。她自己也努力锻炼，打太极拳，学气功，也接受过气功师的治疗，我也曾接她到北京休养，都无济于事。阿必成了长病号。阿七和我有时到上海看望，心上只是惦念。我常后悔没及早切实劝她"细水长流"，不过阿必也不会听我的。工作拖着不完，她决不会定下心来休息。而且失眠是她从小就有的老毛病，假如她不翻译，就能不失眠吗？不过我想她也许不至于这么早就把身体拖垮。

胜利前夕，我爸爸在苏州去世。爸爸带了姐姐等人去苏州之前，曾对我说："阿必就托给你了。"——这是指他离开上海的短期内，可是语气间又好像自己不会再回来似的。　爸爸说：

"你们几个，我都可以放心了，就只阿必。不过，她也就要毕业了，马上能够自立了。那一箱古钱，留给她将来做留学费吧，你看怎样？"接着爸爸说："至于结婚——"他顿了一下，"如果没有好的，宁可不嫁。"爸爸深知阿必虽然看似随和，却是个刚硬的人，要驯得她柔顺，不容易。而且她确也有几分"西碧儿"气味，太晓事，欠盲目。所以她真个成了童谣里唱的那位"我家的娇妹子"，谁家说亲都没有说成。曾几次有人为她向我来说媒，我只能婉言辞谢，不便直说阿必本人坚决不愿。如果对方怨我不出力、不帮忙，我也只好认了。

有人说："女子结婚忧患始。"这话未必对，但用在阿必身上倒也恰当。　她虽曾身处逆境，究竟没经历多少人生的忧患。阿必最大的苦恼是拖带着一个脆弱的身躯。这和她要好、要强的心志调和不了。她的病总也无法甩脱。她身心交瘁，对什么都无所留恋了。《名利场》再版，出版社问她有什么要修改的，她说："一个字都不改。"这不是因为自以为尽善尽美，不必再加工修改；她只是没有这份心力，已把自己的成绩都弃之如遗。她用"心一"为笔名，曾发表过几篇散文。我只偶尔为她留得一篇。我问她时，她说："一篇也没留，全扔了。"

"文化大革命"初期，她带病去开会，还曾得到表扬。到

"清队"阶段，革命群众要她交代她在国际劳工局兼职的事。她写过几次交代。有一晚，她一觉睡去，没有再醒过来。她使我想起她小时不肯洗脸，连声喊"逃逃逃逃逃！"两脚急促地逃跑，总被妈妈捉住。这回她没给捉住，干净利索地跑了。为此她不免蒙上自杀的嫌疑。军医的解剖检查是彻底的，他们的诊断是急性心脏衰竭。一九七九年，复旦大学外语系为杨必开了追悼会。

阿必去世，大姐姐怕我伤心，先还瞒着我，过了些时候她才写信告诉我。据说，阿必那晚临睡还是好好的。早上该上班了，不见她起来。大姐轻轻地开了她的卧房门，看见她还睡着。近前去看她，她也不醒。再近前去抚摸她，阿必还是不醒。她终究睡熟了，连呼吸都没有了。姐姐说："她脸上非常非常平静。"

一九九〇年六月

车过古战场

——追忆与钱穆先生同行赴京

读报得知钱穆先生以九十六岁高龄在台北逝世的消息，默存和我不免想到往日和他的一些接触，并谈起他《忆双亲》一书里讲他和默存父亲交谊的专章。那章里有一节讲默存，但是记事都错了。九月五日晚，我忽得台北《中国时报·人间副刊》季季女士由台北打来电话（季季女士前曾访问舍间），要我追记钱穆先生和我"同车赴北京"（当时称"北平"）的事。虽然事隔多年，我还约略记得。我问季季女士："我说他记错了事可以吗？"她笑说："当然可以。"不过我这里记他，并不是为了辨错，只是追忆往事而已。

钱穆先生在一篇文章里提及曾陪"钱锺书夫人"同赴北京。他讲的是一九三三年初秋的事。我还没有结婚，刚刚"订婚"，还算不得"钱锺书夫人"。五十、六十年代的青年，或许不知"订婚"为何事。他们"谈恋爱"或"搞对象"到双方同心同意，就是"肯定了"。我们那时候，结婚之前还多一道"订婚"礼。而默存和我的"订婚"，说来更是滑稽。明明是我们自己认识的，明明是我把默存介绍给我爸爸，爸爸很赏识他，不就是"肯定了"吗？可是我们还颠颠倒倒遵循"父母之命，媒妁之言"。默存由他父亲带来见我爸爸，正式求亲，然后请出男女两家都熟识的亲友做男家女家的媒人，然后，（因我爸爸生病，诸事从简）在苏州某饭馆摆酒宴请两家的至亲好友，男女分席。我茫然全不记得"订"是怎么"订"的，只知道从此我是默存的"未婚妻"了。那晚，钱穆先生也在座，参与了这个订婚礼。

我那年考取清华大学研究院外文系，马上就要开学。钱穆先生在燕京大学任职，不日也将北上。我未来的公公在散席后把我介绍给"宾四先生"，约定同车北去，请他一路照顾。其实这条路我单独一人也走过一次，自以为够老练了。动身那天，默存送我到火车站和宾四先生相会，一同把行李结票，各自提着随身物件上车。

那时候从苏州到北京有三十七八个小时的旅程。轮渡还在准备中。到那年冬天，我从北京回苏州，才第一次由轮船载了车厢过江（只火车头不过江）。但那年秋天，火车到南京后，已不复像以前那样需换站到下关摆渡，再上津浦段的车。南北两站隔江相对。车厢里的人和货车里的货全部离开火车，摆渡过江。记得好像是货物先运过去，然后旅客渡江，改乘北段的火车。宾四先生和我同坐在站上的椅子里等待，看着站上人夫像蚂蚁搬家似的把大件、小件、软的、硬的各项货物（包括一具广漆棺材）抬运过去。宾四先生忽然对我说："我看你是个有决断的人。"我惊问："何以见得？"他说："只看你行李简单，可见你能抉择。"我暗想，你没看见我前一次到北京时带的大箱子、大铺盖呢，带的全是无用之物。我这回有经验了。可是我并没有解释，也没有谦逊几句，只笑了笑。

我们买的是三等坐席，对坐车上，彼此还陌生，至多他问我答，而且大家感到疲惫，没什么谈兴。不过成天对坐，不熟也熟了。到吃饭时，我吃不惯火车上卖的油腻腻、硬生生的米饭或面条，所以带匣儿饼干和一些水果。宾四先生很客气，我请他吃，他就躲到不知哪里去了。后来我发现他吃的是小包的麻片糕之类，那是当点心的。每逢停车，站上有卖油豆腐粉汤之类的小贩。我看见他在那里捧着碗吃呢，就假装没看见。我是一个学生，向来胃口不佳，食量又小，并不觉得自己俭朴。可是看了宾四先生自奉菲薄，很敬重他的俭德。

车过了"蔚然而深秀"的琅玡山，窗外逐渐荒凉，没有山，没有水，没有树，没有庄稼，没有房屋，只是绵延起伏的大土墩子。火车走了好久好久，过了蚌埠，窗外景色还是不改。我叹气说："这段路最乏味了。"宾四先生说："此古战场也。"经他这么一说，历史给地理染上了颜色，眼前的景物顿时改观。我对绵延多少里的土墩子发生了很大的兴趣。宾四先生对我讲，哪里可以安营（忘了是高处还是低处），哪里可以冲杀。尽管战死的老百姓朽骨已枯、磷火都晒干了，我还不免油然起了吊古之情，直到泰山在望，才离开这片辽阔的"古战场"。

车入山东境，车站迫近泰山，山好像矗立站边。等火车开动，宾四先生谈风健了。他指点着告诉我临城大劫案的经过（可惜细节我已忘记），又指点我看"抱犊山"。山很陡。宾四先生说，附近居民把小牛犊抱上山岗，小牛就在山上吃草——我忘了小牛怎么下岗，大约得等长成大牛自己下山。

我对宾四先生已经不陌生了。不过车到北京，我们分手后再也没有见面。我每逢寒假暑假总回苏州家里度假，这条旅途来回走得很熟，每过"古战场"，常会想到宾四先生谈风有趣。

一九八五年，苏州市举行建城二千五百年纪念大会。默存应主办单位的要求，给宾四先生写了一封信，邀请他回大陆观礼。默存的信写错了年份，把"明年"写成"今年"，把"二千五百年"写成"二千年"，主办单位把信退回，请他改正重写。我因而获得这封作废的信。我爱他的文字，抢下没让他撕掉（默存写信不起草稿，也不留这类废稿）。宾四先生没有回信，也没有赴请。如果他不忆念故乡，故乡却没有忘记他，所以我把此信附录于后。

一九九一年一月

附录　钱锺书致钱穆书

宾四宗老大师道座：契阔暌违，忽五十载。泰山仰止，鲁殿岿存，远播芳声，时殷遐想。前岁获睹大著忆旧一编，追记先君，不遗狂简，故谊亲情，感均存殁。明年苏州市将举行建城二千五百年纪念大会。此间人士金以公虽本贯吾邑，而梓乡与苏接壤，处廉让之间，又卜宅吴门，乃古方志所谓"名贤侨寓"。且于公钦心有素，捧手无缘，盛会适逢，良机难得，窃思届时奉屈贲临，以增光宠，俾遂瞻对。区区之私，正复齐心同愿。"旧国旧乡，望之畅然，而况于闻闻见见"，庄生至言，当蒙忻许，渴盼惠来。公家别具专信邀请，敬请片楮，聊申劝驾之微忱。衬拳边鼓，力薄而意则深也。即叩春安不备。

宗末锺书上

杨　绛同候

一九八五年二月三日

顺姐的"自由恋爱"

那天恰是春光明媚的好天气，我在卧房窗前伏案工作。顺姐在屋里拖地，墩布杵在地下，她倚着把儿，一心要引诱我和她说话。

"太太（她很固执，定要把这个过时的尊称强加于我），你今晚去吃喜酒吗？"

我说："没请我。"

"新娘子已经来了，你没看见吗？"

"没看。"

"新郎五十，新娘子才十九！"

我说："不，新郎四十九。"我还是埋头工作。

顺姐叹息一声，没头没脑地说："新娘子就和我一样呢！"

我不禁停下笔，抬头看着她发愣。人家是年轻漂亮、华衣美服的风流人物，顺姐却是个衣衫褴褛、四十来岁的粗胖女佣，怎么"一样"呢？

顺姐看出她已经引起我的兴趣，先拖了几下地，缓缓说：

"我现在也觉悟了呢！就是贪享受呢！"（顺姐的乡音："呢"字用得特多）

我认为顺姐是最勤劳、最肯吃苦的人。重活儿、脏活儿她都干，每天在三个人家帮佣，一人兼挑几人的担子。她享受什么？

顺姐曾告诉我，她家有个"姐姐"。不久我从她的话里发现：她和"姐姐"共有一个丈夫，丈夫已去世。"姐姐"想必是"大老婆"的美称。随后我又知道，她夫家是大地主——她家乡最大的地主。据她告诉我，她是随她妈妈逃荒要饭跑进那个城市的。我不免诧怪："姐姐"思想解放，和顺姐姐妹相称了？可是我后来渐渐明白了，所谓"姐姐"，只是顺姐对我捏造的称呼，她才不敢当面称"姐姐"。

我说："你怎么贪享受啊？"

她答非所问，只是继续说她自己的话：

"我自己愿意的呢！我们是自由恋爱呢！"

我忍不住要笑。我诧异说："你们怎么自由恋爱呢？"我心想，一个地主少爷，一个逃荒要饭的，哪会有机会"自由恋爱"？

她低头拖几下地，停下说：

"是我自己愿意的呢。我家里人都反对呢。我哥哥、我妈妈都反对。我是早就有了人家的，可是我不愿意——"

"你定过亲？怎么样的一个人？"

"就那么个人呢。我不愿意，我是自由恋爱的。"

"你怎么自由恋爱呢？"我想不明白。

"嗯，我们是自由恋爱的。"她好像怕我不信，加劲肯定一句。

"你们又不在一个地方。"

"在一块儿呢！"她立即回答。

我想了一想，明白了，她准是在地主家当丫头的。我没有再问，只觉得很可笑：既说"贪享受"，又说什么"自由恋爱"。

我认识顺姐，恰像小孩子玩"拼板"：把一幅图板割裂出来的大小碎片凑拼成原先的图面。零星的图片包括她自己的倾诉，我历次和她的问答，旁人的传说和她偶然的吐露。我由这一天的谈话，第一次拼凑出一小部分图画。

她初来我家，是我们搬到干面胡同那年的冬天。寒风凛冽的清早，她拿着个隔宿的冷馒头，顶着风边走边吃。这是她的早饭。午饭也是一个干冷的馒头，她边走边吃，到第二家去，专为这家病人洗屎裤子，因为这家女佣不肯干这事。然后她又到第三家去干一下午活儿，直到做完晚饭，洗过碗，才回自己家吃饭。我问她晚上吃什么。她说"吃饭吃菜"。什么菜呢？荤的素的都有，听来很丰盛。

"等着你回家吃吗？"

她含糊其辞。经我追问，她说回家很晚，家里已经吃过晚饭了。

"给你留着菜吗？"

她又含含糊糊。我料想留给她的，只是残羹冷炙和剩饭了。

我看不过她冷风里啃个干馒头当早饭。我家现成有多余的粥、饭、菜肴和汤汤水水，我叫她烤热了馒头，吃煮热的汤菜粥饭。中午就让她吃了饭走。这是她和我交情的开始。她原先每星期的上午分别在几家做，逐渐把每个上午都归并到我家来。

她家人口不少。"姐姐"有个独生女，最高学府毕业，右派分子，因不肯下乡改造，脱离了岗位。这位大小姐新近离婚，有一个女儿一个儿子，都归她抚养，离异的丈夫每月给赡养费。顺姐自己有个儿子已高中毕业，在工厂工作；大女儿在文工团，小女儿在上学。

我问顺姐："你'姐姐'早饭也吃个馒头吗?"

"不,她喝牛奶。"

"白牛奶?"

"加糖。"

"还吃什么呢?"

"高级点心。"

那时候还在"三年困难"期间,这些东西都不易得。我又问别人吃什么,顺姐支吾其辞,可是早饭、午饭各啃一个冷馒头的,显然只顺姐一人。

"你的钱都交给'姐姐'?"

"我还债呢。我看病花了不少钱呢。"

我当时没问她生什么病,只说:"她们都不干活儿吗?"

她又含含糊糊,只说:"也干。"

有一天,她忽从最贴身的内衣口袋里掏出一个破烂的银行存折给我看,得意地说:

"我自己存的钱呢!"

我一看存折是"零存零取",结余的钱不足三元。她使我想起故事里的"小癞子"把私房钱藏在嘴里,可惜存折不能含在嘴里。

我说:"你这存折磨得字都看不清了,还是让我给你藏着吧。"

她大为高兴,把存折交我保管。她说,她只管家里的房租、水电、煤火,还有每天买菜的开销;多余的该是她的钱。她并不花钱买吃的,她只想攒点儿钱,梦想有朝一日攒得一笔钱,她就是自己的主人了。我因此为她加了工资,又把过节钱或大热天的双倍工资等,都让她存上。她另开了一个"零存整取"的存单。

每逢过节,她照例要求给假一天。我说:"你就在我家过节不行吗?"她又大为高兴,就在我家过节,还叫自己的两个女儿来向我拜节。她们俩长得都不错,很斯文,有点拘谨,也带点矜持。顺姐常夸她大女儿刻苦练功,又笑她小女儿"虚荣呢",我给顺姐几只半旧的手提包,小女儿看中一只有肩带的,挂在身上当装饰。我注意到顺姐有一口整齐的好牙齿,两颊两笑涡,一对耳朵肥厚伏贴,不过鼻子太尖瘦,眼睛太混浊,而且眼睛是横的。人眼当然是横生的,不知为什么她的眼睛叫人觉得是横的,我也说不明白。她的大女儿身材苗条,面貌秀丽;小女儿是娇滴滴的,都有一口好牙齿。小女儿更像妈妈;眼神很清,却也横。

顺姐常说我喝水太多,人都喝胖了。

我笑问："你胖还是我胖？"

她说："当然你胖啊！"

我的大棉袄罩衣，只能作她的紧身衬衣。我瞧她裤子单薄，给了她一条我嫌太大的厚毛裤，她却伸不进腿去，只好拆了重结。我笑着拉了她并立在大镜子前面，问她谁胖。她惊奇地望着镜子里的自己，好像从未见过这个发胖的女人。我自从见了她的女儿，才悟到她心目中的自己，还像十几岁小姑娘时代那么苗条、那么娇小呢。

我为她攒的钱渐渐积到一百元。顺姐第一次见到我的三姐姐和七妹妹，第一句话都是"太太给我攒了一百块钱呢！"说是我为她攒的也对，因为都是额外多给的。她名义上的工资照例全交给"姐姐"。她的存款逐渐增长，二百，三百，快到四百了，她家的大小姐突然光临，很不客气，岸然进来，问：

"我们的顺姐在你家做吧？"

她相貌端庄，已是稍为发福的中年人了，虽然家常打扮，看得出她年轻时准比顺姐的大女儿还美。我请她进来，问她有什么事。

她傲然在沙发上一坐，问我："她每月工钱多少？"

我说："你问她自己嘛。"

"我问她了，她不肯说。"她口齿清楚斩截。

我说："那么，我没有义务向你报告，你也没有权利来调查我呀。"

她很无礼地说："哼！你们倒是相处得很好啊！"

我说："她工作好，我很满意。"

她瞪着我，我也瞪着她。她坐了一会，只好告辞。

这位大小姐，和顺姐的大女儿长得比较相像。我因此猜想：她们的爸爸准是个文秀的少爷。顺姐年轻时准也是个玲珑的小丫头。

据顺姐先后流露，这位大小姐最厉害，最会折磨人。顺姐的"姐姐"曾给她儿子几件新衬衫。大小姐想起这事，半夜三更立逼顺姐开箱子找出来退还她。顺姐常说，她干活儿不怕累，只求晚上睡个好觉。可是她总不得睡。这位大小姐中午睡大觉，自己睡足了，晚上就折腾顺姐，叫她不得安宁。顺姐睡在她家堆放箱笼什物的小屋里。大小姐随时出出进进，开亮了电灯，翻箱倒柜。据同住一院的邻居传出来，这位小姐经常半夜里罚顺姐下跪、打她耳光。我料想大小姐来我家调查顺姐工资的那天晚上，顺姐准罚跪并吃了耳光。可是她没有告诉我。

顺姐常强调自己来北京之前，在家乡劳动多年，已经脱掉地主的帽子。据她后来告诉我，全国解放时，她家大小姐在北京上大学，立即把她妈妈接到北京（她就是个逃亡地主婆）。她丈夫没有被镇压，只是拘捕入狱，死在监牢里了。顺姐顶缸做了地主婆。当时她的小女儿出生不久，她下地劳动，得了子宫高度下垂症。这就是她治病花了不少钱的缘故。她虽然动了手术，并没有除净病根。顺姐不懂生理学，只求干脆割除病根，就可以轻轻松松干活儿。她还得了静脉曲张的病，当时也没理会，以为只需把曲曲弯弯的筋全部抽掉就行。

我常夸顺姐干活勤快利索，可当劳模。她叹气说，她和一个寡妇亲戚都可以当上劳模，只要她们肯改嫁。她们俩都不肯。想娶顺姐的恰巧是管她劳动的干部，因为她拒绝，故意刁难她，分配她干最重的活儿，她总算都顶过来了。我问她当时多少年纪。她才三十岁。

她称丈夫为"他"，有时怕我不明白，称"他们爹"或"老头子"。她也许为"他"开脱地主之罪，也许为了卖弄"他"的学问，几次对我说："他开学校，他是校长呢!"又说，她的"公公"对待下人顶厚道，就只"老太婆"厉害。（顺姐和我逐渐熟了，有时不称"姐姐"，干脆称"老太婆"或"老婆子"）这位太太是名门之女，有个亲妹妹在英国留学，一直没有回国。

有一天，顺姐忽来向我报喜，她的大女儿转正了，穿上军装了，也升了级，加了工资。我向她贺喜，她却气得淌眼抹泪。

"一家人都早已知道了，只瞒我一个呢！"

她的子女，一出世就由大太太抱去抚养；孩子只认大太太为"妈妈"，顺姐称为"幺幺"（读如"夭"），连姨娘都不是。他们心上怎会有什么"幺幺"啊！

不久后，她告诉我，她家大小姐倒运了，那离了婚的丈夫犯下错误，降了级，工资减少了，判定的赡养费也相应打了折扣。大小姐没好气，顺姐难免多受折磨。有一天，她满面忧虑，又对我说起还债，还给我看一份法院的判决书和一份原告的状子。原来她家大小姐向法院告了一状，说自己现在经济困难，她的弟弟妹妹都由她抚育成人，如今二人都已工作，该每月各出一半工资，偿还她抚养的费用。这位小姐笔头很健，状子写得头头是道。还说自己政治上处于不利地位，如何处处受压。法院判令弟妹每月各将工资之半，津贴姐姐的生活。我仔细看了法院的判决和原告的状子，真想不到会有这等奇事。我问顺姐：

"你的孩子是她抚养的吗？"

顺姐说，大小姐当大学生时期，每年要花家里多少多少钱；毕业后以至结婚后，月月要家里贴多少多少钱，她哪里抚养过弟弟妹妹呢！她家的钱，她弟弟妹妹就没份吗？至于顺姐欠的债，确是欠了。她顶缸当地主婆，劳累过度，得了一身病；等到脱掉地主的帽子，她已经病得很厉害，当时丈夫已经去世，她带了小女儿，投奔太太和大小姐。她们把她送进医院，动了一个不小的手术，花了不少钱——这就是她欠的债，天天在偿还。

顺姐叙事交代不清，代名词所指不明，事情发生的先后也没个次序，得耐心听，还得费很多时间。经我提纲挈领地盘问，知道她在地主家当丫头时，十四岁就怀孕了。地主家承认她怀的是他们家的子息，拿出三十元给顺姐的男家退婚，又出三十元给顺姐的妈，把她买下来。顺姐是个"没工钱、白吃饭的"。她为主人家生儿育女，贴身伺候主人主妇，也下地劳动。主人家从没给过工资，也没有节赏，也没有月例钱，只为她做过一身绸料的衣裤。（这大约是生了儿子以后吧？）她吃饭不和主人同桌，只站在桌旁伺候，添汤添饭，热天还打扇。她是个三十元卖掉终身的女奴。我算算她历年该得的最低工资，治病的费用即使还大几倍，还债还绰有余裕。她一天帮三家，赚的钱（除了我为她存的私房）全供家用开销。抚育她儿女的，不是她，倒是她家的大小姐吗？

看来，大小姐准料定顺姐有私蓄，要逼她吐出来；叫她眼看儿女还债，少不得多拿出些钱来补贴儿女。顺姐愁的是，一经法院判决，有案可稽，她的子女也就像她一样，老得还债了。

我问顺姐："你说的事都有凭有据吗？"

她说："都有呢。"大小姐到手的一注注款子，何年何月，什么名目，她历历如数家珍。

我说："顺姐，我给你写个状子，向中级人民法院上诉，怎么样？我也能写状子。"

她快活得像翻译文章里常说的"不敢相信自己的耳朵"。

我按她的意思替她上诉。我摆出大量事实，都证据确凿，一目了然。摆出了这些事实，道理不讲自明。中级法院驳回大小姐的原诉，判定顺姐的子女没有义务还债；但如果出于友爱，不妨酌量对他们的姐姐给些帮助。

我看了中级法院的判决，十分惬意，觉得吐了一口气。可是顺姐并不喜形于色。我后来猜想：顺姐为这事，一定给大小姐罚跪，吃了狠狠的一顿嘴巴子呢。而且她的子女并不感谢她，他们自愿每月贴大姐一半工资。

我设身处地，也能体会那位大小姐的恚恨，也能替她暗暗咒骂顺姐："我们好好一个家！偏有你这个死不要脸的贱丫头，眼睛横呀横的，扁着身子挤进我们家来。你算争气，会生儿子！我妈妈在封建压力下，把你的子女当亲生的一般抚养，你还不心足？财产原该是我的，现在反正大家都没有了，你倒把陈年宿账记得清楚？"

不记得哪个节日，顺姐的儿女到我家来了。我指着顺姐问他们："她是你们的生身妈妈，你们知道不知道？"

他们愕然。他们说不知道。能不知道吗？我不能理解。但他们不知道，顺姐当然不敢自己说啊。

顺姐以后曾说，要不是我当面说明，她的子女不会认她做妈。可是顺姐仍然是个"幺幺"。直到"文化大革命"，顺姐一家（除了她的一子二女）全给赶回家乡，顺姐的"姐姐"去世，顺姐九死一生又回北京，她的子女才改口称"妈妈"。不过这是后话了。

顺姐日夜劳累，又不得睡觉，腿上屈曲的静脉胀得疼痛，不能站立。我叫她上协和医院理疗，果然有效。顺姐觉得我花了冤钱，重活儿又不是我家给她干的。所以我越叫她休息，她越要卖命。结果，原来需要的一两个疗程延伸到两三个疗程才见效。我说理疗当和休息结合，她怎么也听不进。

接下就来了"文化大革命"。院子里一个"极左大娘"叫顺姐写我的大字报。顺姐说：写别的太太，都可以，就这个太太她不能写。她举出种种原因，"极左大娘"也无可奈何。我陪斗给剃了半个光头（所谓阴阳头），"极左大娘"高兴得对我们邻居的阿姨说："你们对门的美人子，成了秃瓢儿了！公母俩一对秃瓢儿！"那位阿姨和我也有交情，就回答说："这个年头儿，谁都不知道自己怎样呢！"顺姐把这话传给我听，安慰我说："到这时候，你就知道谁是好人、谁是坏人了。不过，还是好人多呢。"我常记着她这句话。

红卫兵开始只剪短了我的头发。顺姐为我修齐头发，用爽身粉掸去头发楂子，一面在我后颈和肩背上轻轻摩挲，摩挲着自言自语：

"'他'用的就是这种爽身粉呢。蓝腰牌，就是这个牌子呢。"

大约她闻到了这种爽身粉的香，不由得想起死去的丈夫，忘了自己摩挲的是我的皮肉了。我当时虽然没有心情嬉笑，却不禁暗暗好笑，又不忍笑她。从前听她自称"我们是自由恋爱"，觉得滑稽，这时我只有怜悯和同情了。

红卫兵要到她家去"造反"，同院住户都教她控诉她家的大小姐。顺姐事先对我说："赶下乡去劳动我不怕，我倒是喜欢在地里劳动。我就怕和大小姐在一块儿。"那位大小姐口才很好，红卫兵去造反，她出来侃侃而谈，把顺姐一把拖下水。结果，大小姐和她的子女、她的妈妈，连同顺姐，一齐给赶回家乡。顺姐没有控诉大小姐，也没为自己辩白一句。

"文革"初期，我自忖难免成为牛鬼蛇神，趁早把顺姐的银行存单交还她自己保管。她已有七百多元存款。我教她藏在身边，别给家人知道，存单的账号我已替她记下，存单丢失也不怕，不过她至少得告知自己的儿子（她儿子忠厚可靠，和顺姐长得最像）。我下干校前曾偷偷到她家去探看，同院的人说，"全家都给轰走了。"我和顺姐失去了联系。

有一天，我在街上走，忽有个女孩子从我后面窜出来，叫一声"钱姨妈"。我回脸一看，原来是顺姐的小女儿，她毕业后没升学，分配在工厂工作。据说，他们兄妹三个都在工作的单位寄宿。我问起她家的人，说是在乡下。她没给我留个地址就走了。

我从干校回京，顺姐的两个女儿忽来看我，流泪说：她们的妈病得要死了，"那个妈妈"已经去世，大姐跑得不知去向了。那时，他们兄妹三个都已结婚。我建议她们姐妹下乡去看看（因为她们比哥哥容易请假），如有可能，把她们的妈接回北京治病。她们回去和自己的丈夫、哥嫂等商量，三家凑了钱（我也搭一份），由她们姐妹买了许多赠送乡村干部的礼品，回乡探母。不久，她们竟把顺姐接了出来。顺姐头发全都灰白了，两目无光，横都不横了，路也不能走，由子女用自行车推着到我家。她当着儿女们没多说话。我到她住处去看她，当时家里没别人，经我盘问，才知道她在乡间的详细情况。

大小姐一到乡间，就告诉村干部顺姐有很多钱。顺姐只好拿出钱来，盖了一所房子，置买了家具和生活必需品，又分得一块地，顺姐下地劳动，养活家里人。没多久，"姐姐"投水自尽了。大小姐逃跑几次，抓回来又溜走，最后她带着女儿跑了，在各地流窜，撂下个儿子给顺姐带。顺姐干惯农活，交了公粮，还有余裕，日子过得不错。只是她旧病复发，子宫快要脱落，非医治不可。这次她能回京固然靠了礼品，她两个女儿也表现特好，虽然从没下过乡，居然下地去劳动。顺姐把房子连同家具半送半卖给生产队，把大小姐的儿子带回北京送还他父亲。村干部出一纸证明，表扬顺姐劳动积极，乐于助人等等。

顺姐在乡间重逢自己的哥哥。哥哥诧怪说："我们都翻了身，你怎么倒翻下去了呢？"村干部也承认当初把她错划了阶级，因为她并非小老婆，只是个丫头，当地人都知道的。这个地主家有一名轿夫、一名厨子还活着，都可作证。"文革"中，顺姐的大女儿因出身不好，已退伍转业。儿子由同一缘故，未得申请入党。儿女们都要为妈妈要求纠正错划，然后才能把她的户口迁回北京。

他们中间有"笔杆子"，写了申请书请我过目。他们笔下的顺姐，简直就是电影里的"白毛女"。顺姐对此没发表意见。我当然也没有意见。他们为了纠正错划的阶级，在北京原住处的居委会和乡村干部两方双管齐下，送了不少"人事"。儿子女儿还特地回乡一次。但事情老拖着。村干部说："没有问题，只待外调，不过一时还没有机会。"北京街道上那位大娘满口答应，说只需到派出所一谈就妥。我怀疑两方都是受了礼物，空口敷衍。一年、两年、三年过去，事情还是拖延着。街道上那位大娘给人揭发了受贿的劣迹；我也看到村里一个不知什么职位的干部写信要这要那。顺姐进医院动了手术，病愈又在我家干活。她白花了两三年来攒下的钱，仍然是个没户口的"黑人"。每逢节日，街道查户口，她只好闻风躲避。她叹气说："人家过节快活，就我苦，像个没处藏身的逃犯。"

那时候我们住一间办公室，顺姐住她儿子家，每天到我家干活，早来晚归。她一天早上跑来，面无人色，好像刚见了讨命鬼似的。原来她在火车站附近看见了她家的大小姐。我安慰她说，不要紧，北京地方大，不会再碰见。可是大小姐晚上竟找到她弟弟家里，揪住顺姐和她吵闹，怪她卖掉了乡间的房子家具。她自己虽是"黑人"，却毫无顾忌地向派出所去告顺姐，要找她还账。派出所就到顺姐儿子家去找她。顺姐是积威之下，见了大小姐的影子都害怕的。派出所又是她逃避都来不及的机关。可是逼到这个地步，她也直起腰板子来自卫了。乡间的房子是她花钱造的，家具什物是她置备的，"老太婆"的遗产她分文未取，因为"剥削来的财物她不要"。顺姐虽然钝口笨舌，只为理直气壮，说话有力。她多次到派出所去和大小姐对质，博得了派出所同志的了解和同情。顺姐转祸为福，"黑人"从此出了官，也就不再急于恢复户籍了。反正她在我们家，足有粮食可吃。到"四人帮"下台，她不但立即恢复户籍，她错划的阶级，那时候也无所谓了。

我们搬入新居，她来同住，无忧无虑，大大发福起来，人人见了她就说她"又胖了"。我说："顺姐，你得减食，太胖了要多病的。"她说："不行呢，我是饿怕了的，我得吃饱呢！"

顺姐对我不再像以前那样爱面子、遮遮掩掩。她告诉我，她随母逃荒出来，曾在别人家当丫头，可是她都不乐意，她最喜欢这个地主家，因为那里有吃有玩，最自在快活。她和同伙的丫头每逢过节，一同偷酒喝，既醉且饱，睡觉醒来还晕头晕脑，一身酒气，不免讨打，可是她很乐。

原来她就是为贪图这点"享受"，"自由恋爱"了。从此她丧失了小丫头所享受的那点子快活自在，成了"幺幺"。她说自己"觉悟了"，确也是真情。

她没享受到什么，身体已坏得不能再承受任何享受。一次她连天不想吃东西。我急了。我说："顺姐，你好好想想，你要吃什么？"

她认真想了一下，说："我想吃个'那交'（辣椒）呢。"

"生的？还是干的？"

"北阳台上，泡菜坛子里的。"

我去捞了一只最长的红辣椒，她全吃下，说舒服了。不过那是暂时的。不久她大病，我又一次把她送入医院。这回是割掉了胆囊。病愈不到两年，曲张的静脉裂口，流了一地血。这时她家境已经很好，她就告老回家了。

现在她的儿女辈都工作顺利，有的是厂长，有的是经理，还有两个八级工。折磨她的那位大小姐，"右派"原是错划；

她得到落实政策，飞往国外去了。顺姐现在是自己的主人了，逢时过节，总做些我爱吃的菜肴来看望我。称她"顺姐"的，只我一人了。也许只我一人，知道她的"自由恋爱"；只我一人，领会她"我也觉悟了呢"的滋味。

一九九一年一月

小吹牛

我时常听人吹牛，豪言壮语，使我自惭渺小。我也想吹吹牛"自我伟大"一番，可是吹来却"鬼如鼠"。因为只是没发酵的死面，没一点空气。记下三则，聊供一笑。

第一则

我小时，在天主教会办的启明女塾上学，住宿在校。我们一群小女孩儿对嬷嬷（修女）的衣着颇有兴趣。据说她们戴三只帽子，穿七条裙子。我恨不能看看三只帽子和七条裙子是怎么穿戴的。

启明称为"外教学堂"，专收非教徒学生。天主教徒每年春天上佘山瞻礼，启明也组织学生上佘山。我两个姐姐都去，可是小孩子是不参加的。我当时九岁，大姐姐不放心扔下我一人在校，教我找"校长嬷嬷"去"问准许"——就是要求去，问准不准。校长嬷嬷很高兴，一口答应。我就跟着穿裙子的大同学同去。

带队的是年老的锦嬷嬷，她很喜欢我，常叫我"小康康"。我们乘小船到佘山，上山"拜苦路"等等，下山回船休息，第二天就回校。当晚沿着船舱搭铺，两人合睡一铺，锦嬷嬷带我睡。她等大伙都睡下，才在洋油灯下脱衣服。我装睡，眯着眼偷看。她脱下黑帽子，里面是雪白的衬帽，下面又有一只小黑帽。黑衣黑裙下还有一条黑衬裙，下面是雪白的衬衣衬裙，里面是黑衣黑裤。帽子真有三只，裙子却没有七条，至多三条。以后我就睡着了。

锦嬷嬷第二天关心地说："小康康跑累了，晚上直踢被窝，我起来给她盖了三次被子。"我有点心虚。我忍着困不睡，为的是要看她脱衣脱帽，她却直怜我累了。

事后我很得意。谁会跟嬷嬷一个被窝睡觉呢？只有我呀！

第二则

我刚进东吴大学，女生不多，排球队里我也得充当一员。

我们队第一次赛球是和邻校的球队，场地选用我母校的操场。大群男同学跟去助威。母校球场上看赛的都是我的老朋友。轮到我发球。我用尽力气，握着拳头击过一球，大是出人意外。全场欢呼，又是"啦啦"，又是拍手，又是嬉笑叫喊，那个球乘着一股子狂喊乱叫的声势，竟威力无穷，砰一下落地不起，我得了一分（当然别想再有第二分）。

当时两队正打个平局，增一分，而且带着那么热烈的威势，对方气馁，那场球赛竟是我们胜了。

至今我看到电视荧屏上的排球赛，想到我打过网去的一个球，忍不住悄悄儿吹牛说："我也得过一分！"

第三则

上海沦陷期间，我担任校长的中学停办，我在一所小学里当代课教师。我同伙的几个小学教师都二十来岁。我年长些，不过看来也差不多。我们都很要好，下学总等齐了一同乘有轨电车回家。那是第一站的空车，上车的只我们几个。司机淘气，故意把车开得摇摇晃晃，逗得我同伙又惊又叫又笑。我却是没有放下架子，端坐一旁，不声不响。这路车的头几站没有旁的乘客，司机和售票员和我的同伙有说有笑，我总是默默无言。有一次，售票员忍着笑，无限同情地讲他同事某某："伊肚皮痛啦"，一天找错了不知多少钱，又不能下车。我忽然觉得他们不是什么"开车的"、"卖票的"，而是和我一样的人。我很自然地加入了他们的圈子。他们常讲今天某人家里有什么事，待会儿得去替他；或是某人不善心算，老找错钱，每天赔钱；又讲查账的洋人怎么厉害等等。我说话不多，也许他们觉得我斯文些，不过我已成了他们的同伙。

　　这路车渐入闹市，过大马路永安公司是最热闹的一段。我有一次要到永安公司买东西，预先站在司机背后等下车。车到站，我却忘了下车；等车开了，我忽然"啊呀"一声。司机并不回头，只问"那能啦？"我说忘了下车。他说："勿要紧，送侬到门口。"永安公司的大门在交叉路口，不准停车的。可是司机把车开得很慢，到了那里，似停非停的停了一下。他悄悄儿把铁栅拉开一缝，让我溜下车，电车就开了。我曾由有轨电车送到永安公司门口，觉得大可自诩。

一九九一年三月

一块陨石

一九三四年夏，我由清华回家度暑假。一家人在后园花厅南廊下坐着闲话。爸爸指着花厅角落里一个西瓜模样的东西说："看看，那是什么？"我看着像个西瓜。爸爸既问我"那是什么"，想必不是西瓜。我反问，"那是什么？"爸爸说："你给我搬过来。"我跑去搬，不料那东西出乎意外的重，休想搬动。我把那东西拨翻在地，只见上部光溜溜的，现深绿色，像西瓜皮；下部却很粗糙，像折断的铁矿石，颜色如黄锈的铁。爸爸告诉我说：城外荒野里，一夜落下几块陨石。农民拿进城来卖，爸爸收买了最大的一块。我所谓光溜溜的上部，该是陨石的下部，经大气层的摩擦而光润了。

我弟弟由维也纳大学毕业回国后，我们姐妹弟弟随爸爸回苏州安葬妈妈。我们回上海前，把这块陨石连同秋千、荡木架上拆下的一大堆粗铁链藏得严严密密。我们说："可别给日本人拿走。"因为铁链可供敌人拿去做兵器，而这块硕大陨石，该由国家博物馆收藏。

可是当我们再回苏州安葬爸爸的时候，这大堆铁链和这块陨石都不见了。我想念爸爸妈妈和苏州的老家，就屡屡想到这块陨石，不知现在藏在什么人的家里呢，还是收入什么博物馆了。

一九九一年三月

第一次下乡

一　受社会主义教育

我们初下乡，同伙一位老先生遥指着一个农村姑娘说："瞧！她像不像蒙娜·丽莎？"

"像！真像！"

我们就称她"蒙娜·丽莎"。

打麦场上，一个三角窝棚旁边，有位高高瘦瘦的老者，撑着一支长竹竿，撅着一撮胡子，正仰头望天。另一位老先生说：

"瞧！堂吉诃德先生！"

"哈！可不是！"

我们就称他"堂吉诃德"。

那是一九五八年"拔白旗"后、"大跃进"时的十月下旬，我们一伙二十来人下乡去受社会主义教育，改造自我。可是老先生们还没脱下资产阶级知识分子的眼镜，反而凭主观改造农村人物呢！

据说四十五岁以上的女同志免于下乡。我不敢相信，也不愿相信。眼看年轻同志们"老张""小王"彼此好亲近，我却总是个尊而不亲的"老先生"，我也不能自安呀！

下乡当然是"自愿"的。我是真个自愿，不是打官腔；只是我的动机不纯正。我第一很好奇，想知道土屋茅舍里是怎样生活的。第二，还是好奇。听说，能不能和农民打成一片，是革命、不革命的分界线。我很想瞧瞧自己究竟革命不革命。

下乡当然有些困难。一家三口，女儿已下厂炼钢，我们夫妇要下乡自我锻炼，看家的"阿姨"偏又是不可靠的。默存下乡比我迟一个月，我不能亲自为他置备行装，放心不下。我又有点顾虑，怕自己体弱年老，不能适应下乡以后的集体生活。可是，解放以前，艰苦的日子也经过些，这类鸡毛蒜皮算不得什么。

十月下旬，我们一行老老少少约二十人，由正副两队长带领下乡。我很守规矩，行李只带本人能负担提携的，按照三个月的需要，尽量精选。长途汽车到站，把我们连同行李撇在路旁。我跟着较年轻的同伙，掮起铺盖卷，一手拿提包，一手拿网袋，奋勇追随；可是没走几步，就落在后面，拼命赶了一程，精疲力竭，只好停下。前面的人已经不见了，路旁守着行李的几位老先生和女同志也不见了。我不敢放下铺盖卷，怕不能再举上肩头。独立在田野里，大有"前不见古人，后不见来者"之慨。幸喜面前只有一条路。我咬着牙一步步慢慢走，不多远就看见拐弯处有一所房屋，门口挂着"人民公社"的牌子，我那些同伙正在门口休息。我很不必急急忙忙，不自量力。后面几位老先生和女同志们，留一二人看守行李，他们大包小件扛着抬着慢慢搬运，渐渐地都齐集了。

那半天我们在公社休息，等候正副队长和公社干部商定如何安插我们。我们分成两队。一队驻在富庶的稻米之乡，由副队长带领；一队驻在贫瘠的山村，由正队长带领。我是分在山村的，连同队长共五男二女。男的都比我年长，女的比我小，可是比我懂事，我把她当姊姊看待。队长是一位谦虚谨慎的老党员。当晚我们在公社打开铺盖，胡乱休息一宵，第二天清晨，两队就分赴各自的村庄。"蒙娜·丽莎"和"堂吉诃德"就是我们一到山村所遇见的。

我们那村子很穷，没一个富农。村里有一条大街或通道，连着一片空场。公社办事处在大街中段，西尽头是天主教堂，当时作粮库用，东尽头是一眼深井，地很高，没有井栏，井口四周冻着厚厚的冰，村民大多在那儿取水。食堂在街以北，托儿所在街以南。沿村东边有一道没有水的沟，旁边多半是小土房。砖瓦盖的房子分布在村子各部。村北是陡峭的山，据说得乘了小驴儿才上得去。出村一二里是"长沟"，那儿有些食用品的商店，还有一家饭馆。

那时候吃饭不要钱。每户人家虽各有粮柜，全是空的。各家大大小小的腌菜缸都集中在食堂院子里，缸里腌的只是些红的白的萝卜。墙脚下是大堆的生白薯，那是每餐的主食。

村里人家几乎全是一姓，大概是一个家族的繁衍，异姓的只三四家。

二　"过五关，斩六将"

我们早有心理准备，下乡得过几重关。我借用典故，称为

"过五关，斩六将"。

第一关是"劳动关"。公社里煞费苦心，为我们这几个老弱无能的人安排了又不累、又不脏、又容易的活儿，叫我们砸玉米棒子。我们各备一条木棍，在打麦场上席地坐在一堆玉米棒子旁边，举棒拍打，把玉米粒儿打得全脱落下来，然后扫成一堆，用席子盖上。和我们同在场上干活的都是些老大娘们，她们砸她们的，和我们也攀话谈笑。八点开始劳动，实际是八点半，十点就休息，称为"歇攀儿"，该歇十分钟，可是一歇往往半小时。"歇攀儿"的时候，大家就在场上坐着或站着或歪着，说说笑笑。再劳动不到一个多钟头又"歇攀儿"了！大家拿着家具——一根木棍，一只小板凳或一方垫子，各自回家等待吃饭。这些老大娘只赚最低的工分。

有时候我们推独轮车搬运地里的秫秸杂草。我们学会推车，把稳两手，分开两脚，脚跟使劲噔噔地走，把袜跟都踩破。我能把秫秸杂草堆得高过自己的脑袋，然后留心推车上坡，拐个弯，再推下坡，车不翻。

有一次叫我们捆草：把几茎长草捻成绳子，绕住一堆干草，把"绳子"两端不知怎么的一扭一塞，就捆好了。我不会一扭一塞。天都快黑了，我站在乱草堆里直发愁。可是生产队副队长（大家称为"大个儿"的）来了，他几下子就把满地乱草全捆得整整齐齐。

有几次我们用小洋刀切去萝卜的缨子并挖掉长芽的"根据地"，然后把萝卜搬运入窖。我们第一天下乡，就是干这个活。我们下乡干的全是轻活儿，看来"劳动关"，对我们是虚掩着的，一走就"过"，不必冲杀。

第二关是"居住关"。记得看过什么《清宫外史》，得知伺候皇上，每日要问："进得好？出得好？歇得好？""进"、"出"、"歇"在乡间是三道重关。"歇"原指睡眠，在我们就指"居住"；"进"和"出"就指下文的"饮食"和"方便"。

农民让出一个大炕，给五位老先生睡。后来天气转冷，村里腾出一间空房，由我们打扫了糊上白绵纸，买了煤，生上火，我们一伙就有了一个家。但我和女伴儿只是"打游击"。社里怕冻了我们，让我们睡在一位工人大嫂家。工人有钱买煤，她家睡的是暖炕。可是没几天，工人回家度假，党支部书记肖桂兰连夜帮我们搬走，在一间空屋里尘土扑鼻的冷炕上暂宿一宵，然后搬入公社缝纫室居住。缝纫室里有一张竹榻，还有一块放衣料什物的木板，宽三尺，长六七尺，高高架在墙顶高窗底下，离地约有二米。得登上竹榻，再登上个木桩子，攀援而上；躺下了当然不能翻身，得挨着墙一动不动，否则会滚下来。我的女伴说："对不起，我不像你身体轻，我又睡得死，而且也爬不上；我只好睡下铺。"我想，假如她睡上铺，我准为她愁得彻夜不眠。所以，理所当然，我睡了上铺。反正我经常是半睡半醒地过夜。窗隙凉风拂面，倒很清新，比闷在工人大嫂家煤味、人味、孩子屎尿味的屋里舒服得多。每天清早，我能从窗里看到下面空场上生产队排队出发，高声唱着"社会主义好"。后不久，村里开办了托儿所。托儿所的教室里摆着一排排小桌子小凳子，前头有个大暖炕。我和女伴儿以及另单位的两个女同志同睡这个大炕。她们俩起得早，不及和我们见面就去劳动了。我每晨擂着拳头把女伴打醒，急急穿衣洗漱，一个个娃娃已站满炕前，目不转睛地瞪着我们看，我感到自己成了动物园里的猴子。同炕四人把铺盖卷上，沿墙安放。娃娃们都上炕游戏。一次，我女伴的铺盖卷儿给一个娃娃骑在上面撒了一大泡溺，幸亏没透入铺盖内部。四人睡这么一个大炕，够舒服的，尽管被褥有溺湿的危险。

第三关是"饮食关"。我们不属于生产队，吃饭得交钱。我们可以加入干部食堂，每日两餐，米饭、炒菜，还加一汤；如加入农民食堂，饭钱便宜些，一日三餐，早晚是稀的，中午是窝头白薯。我们愿意接近老乡们，也不惯吃两顿干饭，所以加入了农民食堂。老乡们都打了饭回家吃。我们和食堂工作人员在食堂吃。我们七人，正好一桌。早晚是玉米糁儿煮白薯块，我很欣赏那又稀又腻的粥。窝头也好吃，大锅煮的白薯更好吃。厨房里把又软又烂的白薯剥了皮，揉在玉米面里，做成的窝头特软。可是据说老乡们嫌"不经饱"。默存在昌黎乡间吃的是发霉的白薯干磨成的粉，掺合了玉米面做的窝头，味道带苦。相形之下，我们的饭食该说是很好了。厨师们因我喜爱他们做的饭食，常在开饭前拣出最软最甜的白薯，堆在灶台上，让我像贪嘴孩子似的站着尽量吃，我的女伴儿也同吃。可是几位老先生吃了白薯，肚里产生了大量气体，又是噫气，又是泄气。有一次，一位老先生泄的气足有一丈半长，还摇曳多姿，转出几个调子来。我和女伴儿走在背后，忍着不敢笑。后来我拣出带下乡的一瓶食母生，给他们"消气"。

　　我那时还不贪油腻。一次梦里，我推开一碟子两个荷包蛋，说："不要吃。"醒来告诉女伴，她直埋怨我不吃。早饭时告诉了同桌的老先生，他们也同声怪我不吃，恨不得叫我端出来放在桌上呢！我们吃了整一个月素食，另一单位的年轻同志淘沟，捉得一大面盆的小活鱼。厨房里居然烧成可口的干炙小鱼，也给我们开了荤。没料到猫鱼也成了时鲜美味。我们吃了一个月粗粝之食，想到大米白面，不胜向往。分在稻米之乡的那一队得知我们的馋劲，忙买些白米，烦房东做了米饭请我们去吃。我像猪八戒似的一口一碗饭，连吃两碗，下饭只是一条罐头装的凤尾鱼（我们在"长沟"共买得二罐）和半块酱豆腐。我生平没吃过那么又香又软的白米饭。

以后，我们一伙都害了馋痨——除了队长，因为他不形于色，我不敢冤他。他很体察下情，每一二星期总带我们到长沟的饭馆去吃一顿豆浆油条当早饭。我有时直想吃个双份才饱，可是吃完一份，肚子也填得满满的了。我们曾买得一只大沙锅，放在老先生住的屋里当炊具，煮点心用。秋天收的干鲜果子都已上市，我们在长沟买些干枣和山楂，加上两小包配给卖的白糖，煮成酸甜儿的酪，各人拿出大大小小的杯子平均分配一份。队长很近人情，和大家同享。我的女伴出主意，买了核桃放在火上烧，烧糊了容易敲碎，核桃仁又香又脆，很好吃。反正什么都很好吃。每晚灯下，我们空谈好吃的东西，叫做"精神会餐"，又解馋，又解闷，"吃"得津津有味。"饮食关"该算是过了吧？

第四关是"方便关"。这个关，我认为比"饮食关"难过，因为不由自主。我们所里曾有个年轻同事，下了乡只"进"不"出"，结果出不来的从嘴里出来了。泻药用量不易掌握，轻了没用，重了很危险，因为可方便的地方不易得。沤"天然肥"的缸多半太满，上面搁的板子又薄又滑，登上去，大有跌进缸里的危险，令人"战战栗栗，汗不敢出"——汗都不敢出，何况比汗更重浊的呢！

有一次，食堂供绿豆粉做的面条。我捞了半碗，不知道那是很不易消化的东西，半夜闹肚子了。那时我睡在缝纫室的高铺上。我尽力绥靖，胃肠却不听调停。独自半夜出门，还得走半条街才是小学后门，那里才有"五谷轮回所"。我指望闹醒女伴，求她陪我。我穿好衣服由高处攀援而下，重重地踩在她铺上。她睡得正浓，一无知觉。我不忍叫醒她，硬着头皮，大着胆子，带个手电悄悄出去。我摸索到通往大厅的腰门，推一推纹丝不动，打开手电一看，上面锁着一把大锁呢。只听得旁边屋里杂乱的鼾声，吓得我一溜烟顺着走廊直往远处跑，经过一个院子，转进去有个大圆洞门，进去又是个院子，微弱的星光月光下，只见落叶满地，阒无人迹。我想到了学习猫咪，摸索得一片碎瓦，权当爪子，刨了个坑。然后我掩上土，铺平落叶。我再次攀援上床，竟没有闹醒一个人。这个关也算过了吧？

第五关是"卫生关"。有两员大将把门：一是"清洁卫生"，二是"保健卫生"。清洁卫生容易克服，保健卫生却不易制胜。

清洁离不开水。我们那山村地高井深，打了水还得往回挑。我记得五位老先生搬离第一次借居的老乡家，队长带领我们把他家水缸打满，院子扫净。我们每人带个热水瓶，最初问厨房讨一瓶开水。后来自家生火，我和女伴凑现成，每晚各带走一瓶，连喝带用。除了早晚，不常洗手，更不洗脸。我的手背比手心干净些，饭后用舌头舔净嘴角，用手背来回一抹，就算洗脸。我们整两个月没洗澡。我和女伴承老先生们照应，每两星期为我们烧些热水，让我们洗头发，洗换衬衣。我们大伙罩衣上的斑斑点点，都在开会时"干洗"——就是搓搓刮刮，能下的就算洗掉。这套"肮脏经"，说来也怪羞人的，做到却也是逐点熬炼出来。

要不顾卫生，不理会传染疾病，那就很难做到，除非没有知识，不知提防。食堂里有个害肺痨的，嗓子都哑了。街上也曾见过一个烂掉鼻子的。我们吃饭得用公共碗筷，心上嫌恶，只好买一大辫蒜，大家狠命吃生蒜。好在人人都吃，谁也不嫌谁臭，压根儿闻不到蒜臭了。有一次，我和女伴同去访问一家有两个重肺病的女人。主人用细瓷茶杯，沏上好茶待客。我假装喝茶，分几次把茶泼掉。我的女伴全喝了。她可说是过了关，我却只能算是夹带过去的。

所谓"过五关、斩六将"，其实算不得"过关斩将"。可是我从此颇有自豪感，对没有这番经验的还大有优越感。

三　形形色色的人

我在农村安顿下来。第一件事，就是认识了一个个老大爷、老大妈、小伙子、大姑娘、小姑娘，他们不复是抽象的"农民阶级"。他们个个不同，就像"知识分子"一样的个个不同。

一位大妈见了我们说："真要感谢毛主席他老人家！没有毛主席，你们会到我们这种地方来吗！"我仔细看看她的脸。她是不是在打官腔呀？

缝纫室里有个花言巧语的大妈。她对我说：

"呀！我开头以为文工团来了呢！我看你拿着把小洋刀挖萝卜，直心疼你。我说：瞧那小眉毛儿！瞧那小嘴儿！年轻时候准是个大美人儿呢！我说：我们多说说你们好话，让你们早点儿回去。"她是个地道的"劳动惩罚论"者。

有个装模作样的王嫂，她是村上的异姓，好像人缘并不好。听说她是中农，原先夫妇俩干活儿很欢，成立了公社就专会磨洋工，专爱嘀嘀咕咕。她抱怨秫秸秆儿还没分发到户，嚷嚷说："你们能用冷水洗手，我可不惯冷水洗手！"我是惯用冷水洗手的，没料到农村妇女竟那么娇。

我们分队下乡之前，曾在区人民公社胡乱住过一宵。我们清出一间屋子，搬掉了大堆大堆的农民公费医疗证。因为领导人认为这事难行，农民谁个不带三分病，有了公费医疗，大家不干活，净去瞧病了。这件事空许过愿，又取消了。我们入村后第一次开会，就是通知目前还不兴公费医疗。我们下乡的一伙都受到嘱咐，注意农民的反应，向上汇报。可是开会时群众哑默悄静，一个个呆着脸不吭一声。我一次中午在打麦场上靠着窝棚打盹儿，我女伴不在旁。有个苍白脸的中年妇女来坐在我旁边，我们就闲聊攀话。她自说是寡妇，有个十七岁的儿子。她说话斯文得出人意外。她叹息说："朝令夕改的！"（她指公费医疗吧？）"我对孩子说，你可别傻，什么'深翻三尺'！你翻得一身大汗，风一吹，还不病了！病了你可怎么办？"我不知该怎么回答。我的女伴正向场上跑来，那苍白脸的寡妇立即抽身走了。

有一位大妈，说的话很像我们所谓"怪话"。她大谈"人民公社好"，她说：

"反正就是好哙！你说这把茶壶是你的，好，你就拿去。你说这条板凳是你的，好，你就搬走。你现在不搬呢，好，我就给你看着呗。"

没人驳斥她，也没人附和。我无从知道别人对这话的意见。

有个三十来岁的大嫂请我到她家去。她悄悄地说："咳，家里来了客，要摊张饼请请人也不能够。"她家的糊窗纸都破了，破纸在风里瑟瑟作响。她家只有水缸里的水是满的。

有个老大妈初次见我，一手伸入我袖管，攥着我的手，一手在我脸上摩挲。十几天后又遇见我，又照样摩挲着我的脸，笑着惋叹说："来了没十多天吧？已经没原先那么光了。"我不知道她是"没心没肺"，还是很有心眼儿。

我们所见的"堂吉诃德"并非老者。他理发顺带剃掉胡子，原来是个三四十岁的青壮年，一点不像什么堂吉诃德。厨房里有亲兄弟俩和他相貌有相似处，大概和他是叔伯兄弟。那亲兄弟俩都是高高瘦瘦的，眉目很清秀，一个管厨房，一个管食堂。我上食堂往往比别人早。一次我看见管食堂的一手按着个碟子，一手拿着个瓶子在碟子上很轻巧地一转。我问他："干什么呢？"他很得意，变戏法似的把手一抬，拿出一碟子白菜心。他说："淋上些香油，给你们换换口味。"这显然是专给我们一桌吃的。我很感激，觉得他不仅是孝顺的厨子，还有点慈母行径呢。

食堂左右都是比较高大的瓦房，大概原先是他家的房子。一次，他指着院子里圈着的几头大猪，低声对我说："这原先都是我们家的。"

"现在呢？"

他仍是低声："归公社了——她们妯娌俩当饲养员。"

这是他对我说的"悄悄话"吧？我没说什么。我了解他的心情。

食堂邻近的大妈请我们去看她养的小猪。母猪小猪就养在堂屋里，屋子收拾得干干净净。母猪和一窝小猪都干净，黑亮黑亮的毛，没一点垢污。母猪一躺下，一群猪仔子就直奔妈妈怀里，享受各自的一份口粮。大妈说，猪仔子从小就占定自己的"饭碗儿"，从不更换。我才知道猪可以很干净，而且是很聪明的家畜。

　　大妈的脸是圆圆的，个儿是胖胖的。我忽然想到她准是食堂里那个清秀老头儿的老婆，也立即想到一个赶车的矮胖小伙子准是他们的儿子。考试一下，果然不错。我忙不迭地把新发现报告同伙。以后我经常发现谁是谁的谁：这是伯伯，这是叔叔，这是婶子，这是大妈，这是姐姐，这是远房的妹妹等等。有位老先生笑我是"包打听"，其实我并未"打听"，不过发现而已。发现了他们之间的亲属关系，好像对他们就认识得更着实。

　　"蒙娜·丽莎"的爸爸，和管厨房、食堂的两兄弟大概是贫穷的远房兄弟。他家住两间小土屋。"蒙娜·丽莎"的真名，和村上另几个年龄相近的大姑娘不排行。她面貌并不像什么"蒙娜·丽莎"。她梳一条长辫子，穿一件红红绿绿的花布棉袄，干活儿的时候脱去棉袄，只穿一件单布褂子，村上的大姑娘都这样。她的爸爸比较矮小，伛着背老是干咳嗽。据他告诉我：一次"毛主席派来的学生"派住他家，他把暖炕让给学生，自己睡在靠边的冷炕上，从此得了这个咳嗽病。我把带下乡的鱼肝油丸全送了他，可是我怕他营养不良，那两瓶丸药起不了多大作用。他的老伴儿已经去世，大儿子新近应兵役入伍了，家里还有个美丽的小女儿叫"大芝子"，"蒙娜·丽莎"

是家里的主要劳动力。她很坚决地声明："我不聘，我要等哥哥回来。"她那位带病的父亲告诉我：他当初苦苦思念儿子，一直放心不下；后来他到部队去探亲一次，受到军官们热情招待，又看到儿子在部队的生活，也心上完全踏实了。

"大芝子"才八岁左右，比她姐姐长得姣好，皮肤白嫩，双眼皮，眼睛大而亮，眼珠子乌黑乌黑。一次她摔一大跤，脑门子上破了个相当大的窟窿，又是泥，又是血。我见了很着急，也心疼，忙找出我带下乡的医药品，给她洗伤、敷药，包上纱布。我才知道他们家连一块裹伤的破布条儿都没有。"蒙娜·丽莎"对我说："不怕的，我们家孩子是摔跌惯了的，皮肉破了肿都不肿，一下子就长好。"大芝子的伤处果然很快就长好了，没留下疤痕。我后来发现，农村的孩子或大人，受了伤都愈合得快，而且不易感染。也许因为农村的空气特别清新，我国农民的血液是最健康的。

我有一次碰到个纤眉修目的小姑娘，很甜净可爱。她不过六七岁。我问她名字，她说叫"小芝子"。我拉着她的手问她是谁家的孩子。

"我是我们家的孩子。"

"你爸爸叫什么呀？"

"我管我爸爸叫爸爸。"

"你哥哥叫什么呢？"

"我管我哥哥叫哥哥。"

我这个"包打听"，认真"打听"也打听不出她是谁来，只能料想她和"大芝子"是排行。

大批萝卜急需入窖的时候，我们分在稻米之乡的分队也请来帮忙了。萝卜刚出土，带着一层泥，我们冻僵的手指沾了泥更觉寒冷。那个分队里一个较年轻的同伙瞧我和老乡们比较熟，建议我去向他们借只脸盆，讨一盆水洗洗手。我撞见个老大爷，就问他借脸盆洗手。他不慌不忙，开了锁，带我进屋去。原来是一间宽敞的瓦房，有个很大的炕，房里的家具都整齐。他拿出一只簇新的白底子红花的鼓墩式大脸盆，给我舀了半盆凉水。我正要端出门，他说："你自己先洗洗"，一面就为我兑上热水。我把冻手渥在热水里，好舒服！他又拿出一块雪白的香皂，一条雪白的毛巾，都不是全新，可也不像家常天天使用的。我怕弄脏了他的香皂，只摸了两下；又怕擦脏了他的毛巾，趁他为我泼水，把没洗干净的湿手偷偷儿在自己罩衣上抹个半干，才象征性地使用了毛巾。主人又给舀了半盆冷水，让我端给大伙儿洗。他是怕那面盆大，水多了我端不动，或一路上泼泼洒洒吧？十几双泥手洗那半盆水，我直为泼掉的那大半盆热水可惜，只是没敢说。大家洗完了我送还面盆，盆底尽是泥沙。

村民房屋的质量和大小，大约标识着上一代的贫富；当前的贫富全看家里的劳动力。副队长"大个儿"家里劳动力多，生活就富裕，老乡们对他都很服帖。正队长家是新盖的清凉瓦屋，而且是楼房。老乡们对那座楼房指指点点，好像对这位队长并不喜欢；说到他，语气还带些轻鄙。他提倡节制生育，以身作则，自己做了绝育手术。村里人称他是"劁了的"。我不懂什么"劁"，我女伴忙拉拉我的衣襟不让我问，过后才讲给我听。我只在大会上听过他做报告，平时从不见面。大跃进后期，我们得了一个新任务：向村民讲解《农村十条》。生产队长却迟迟不传达。关于政策多少年不变以及自留地等问题，村民不放心，私下向我们打听，听了还不敢相信。我很惊奇，怎么生产队长迟迟不传达中央的文件，他是否怕有损自己的威信。

党支部书记肖桂兰是一位勤劳不懈的女同志，才三十七岁，小我十岁呢，已生了四个孩子，显得很苍老，两条大长辫子是枯黄色的。她又要带头劳动，又要做动员报告，又要开会，又要传达，管着不知多少事。她苦于不识字。她说，所有的事都得装在脑袋里。我和女伴儿的居住问题，当然也装在她的脑袋里。我们每次搬个住处，总是她及时想到，还亲自帮着我们搬。我女伴的铺盖很大，她自己不会打；我力气小，使足了劲也捆不紧。如果搬得匆忙，我连自己的小铺盖也捆不上了。肖桂兰看我们搬不动两个铺盖，干脆把一个大的捎在肩上，一个小的夹在腋下，在前领路，健步如飞。我拿着些小件东西跟在后面还直怕赶不上，心上又是感激，又是惭愧。肖桂兰直爽真挚，很可爱。她讲自己小时候曾贩卖布匹等必需品给解放军，经常把钱塞在炕洞里。一次客来，她烧热了炕，忘了藏着的钱；等她想到，纸币已烧成灰。她老实承认自己"阶级意识"不强，镇压地主时她吓得发抖，直往远处躲，看都不敢看。当了支书，日夜忙碌，自己笑说："我图个啥呀？"她正是荧屏上表扬的"默默奉献"者。她大约"默默奉献"了整一辈子，没受过表扬。

村上还有个"挂过彩"的退伍军人。他姓李，和村上人也不是同姓。我忘了他的名字，也不记得他是否有个官衔。他生活最受照顾，地位也最高。他老伴儿很和气，我曾几次到过他家。这位军人如果会吹吹牛，准可以当英雄。可是他像小孩儿一样天真朴质，问他过去的事，得用"逼供信"法，"挤牙膏"般挤出一点两点。诱得巧妙，他也会谈得眉飞色舞。他常挨我的"逼供信"，和我是相当好的朋友。我离开那个村子一年后，曾寄他一张贺年片。他却回了我一封长信，向我"汇报"村上的情况。尤其可感的是他本人不会写信，特地央人代写的。

村里最"得其所哉"的是"傻子"。他食肠大，一顿要吃满满一面盆的食。好在吃饭不要钱，他的食量不成问题。他专管掏粪，不嫌脏，不嫌累，干完活儿倒头大睡。他是村里最心满意足的人。

最不乐意的大约是一个疯婆子。村上那条大街上有一处旁边有口干井，原先是菜窖。那老大娘不慎跌下干井，伤了腿。我看见她蓬头垢面，踞坐地上，用双手拿着两块木头代脚走路。两手挪前一尺，身子也挪前一尺。她怪费力地向前挪动，一面哭喊叫骂。过路的人只作不闻不见。我问："她骂谁？"人家不答，只说她是疯子。我听来她是在骂领导，不知骂哪一位，还是"海骂"。骂的话我不能全懂，只知道她骂得很臭很毒。她天天早上哭骂着过街一趟，不知她往哪里去，也不知她家在哪里。

四　桩桩件件的事

有一天，我们分组到村里访病问苦，也连带串门儿。我们撞到了疯婆子家里。一间破屋，一个破炕，炕头上坐着个脸黄皮皱的老大妈，正是那"疯婆子"。我原先有点害怕，懦怯地近前去和她招呼。她很友好，请我们坐，一点不像疯子。我坐在炕沿上和她攀话，她就打开了话匣子。她的话我听不大懂，只知是连篇的"苦经"。我问起她的伤腿，她就解开裤腿，给我看伤疤。同组的两位老先生没肯坐，见那"疯婆子"解裤腿，慌忙逃出门去。我怕一人落单，忙着一面抚慰，一面帮她系上裤腿，急急辞出。我埋怨那两位老先生撇了我逃跑，他们只鬼头鬼脑地笑，说是怕她还要解衣解带。

下午我要求和女伴儿同组，又访问了几家。我们俩看望生肺病的女人就是那天。后来我们跑到僻远地区，听到个妇女负痛呼号。我很紧张。我的女伴说，没准儿是假装的。我们到了她家，病人停止了呼号勉强招待我们。她说自己是发胃病。我们没多坐，辞出不久又听到她那惨痛的叫号。我的女伴断定她是不愿出勤，装病。可是我听了那声音，坚信是真的。到底什么病，也许她自己都不知道。

我们又看望了一个患风湿病的小伙子。有一次大暑天淘井，他一身大汗跳下井去，寒气一逼，得了这个病，浑身关节疼痛，惟有虎骨酒能治。虎骨酒很贵。他攒了钱叫家人进城买得一瓶，将到家，不知怎么的把瓶子砸了，酒都流了。他说到这瓶砸掉的酒，还直心疼。但他毫无怨意，只默默忍受。我以后每见虎骨酒，还直想到他。

我们顺便串门儿，看望了不常到的几个人家。村上很少小伙子，壮健的多半进城当工人了。有个理发师不肯留在乡间，一心要进城去。但村上理发的只他一个，很赚钱，我们几位老先生都请他理发。那天他的老伴儿不在家，我们看见墙上挂的镜框里有很多她的小照片，很美，也很时髦，一张照上一套新装。我估计这对夫妇不久就要离村进城的。

有些老大妈爱谈东家长、西家短：谁家有个"破鞋"，谁家有个"倒踏门"的女婿，谁家九十岁的公公溺了炕说是"猫儿溺的"，谁家捉奸仇杀，门外小胡同里流满了血。我听了最惊心的是某家复壁里窝藏了一名地主（本村没有地主，想必是村上人的亲戚）。初解放，家家户户经常调换房屋：住这家的忽然调往那家，住那家的忽又调到这家。复壁里的人不知房子里已换了人家，早起上厕所，就给捉住了。

村里开办幼儿园，我们一伙七人是赞助者。我们大家资助些钱，在北京买了一批玩具和小人儿书；队长命我做"友好使者"向村公社送礼。我不会说话，老先生们教了我一套。我记得村里还举行了一个小小的典礼接受礼物，表示感谢。村里的大妈起初都不愿把孩子"圈起来"，宁可让孩子自由自在地"野"。曾招待我和女伴同炕睡觉的工人大嫂就表示过这种意见。可是幼儿园的伙食好，入园的孩子渐渐多起来。工人大嫂家的二娃子后来也入幼儿园了。我问她吃了什么好早饭，她说吃了"苟儿勾"（豆儿粥），我听了很馋。

扫盲也是我们的一项工作。"蒙娜·丽莎"等一群大姑娘都做出拿笤帚扫地的姿势，笑说："又要来扫我们了！"她们说："干活儿我们不怕，就怕'扫'我们。干了一天活儿，坐下直瞌睡，就是认不进字去！"我曾亲身经历，领会到体力、脑力并不分家，同属于一个身体；耗尽体力，脑力也没有多余了。

我女伴儿和我得到一项特殊任务：专为党支书肖桂兰扫盲。因为她常说："我若能把事情一项项写下来，不用全装在脑袋里，该多轻松啊！"可是她听到"扫盲"，就和村里的大姑娘们一样着急说："又来扫咱们了！"她当然没工夫随班上课。我们的队长让我和女伴儿自动找她，随她什么时候方便，就"送货上门"式教她。我们已跟她说好，可是每到她家，总扑个空，我怀疑她是躲我们。

不知谁的主意，提倡"诗画上墙"。我们那个贫穷的山村，连可以题诗作画的白墙也没有几堵。我们把较为平整的黄土墙也刷白了利用。可是诗和画总不能都由外来受教育的知识分子一手包办啊。我们从本村的小学校里要了些男女学生的作文，虽有错别字，而且多半不完整，意思却还明白。我们把可用的作文变成"诗"，也就是"顺口溜"，署上作者的名字。每首"诗"都配上一幅"画"。有些墙上剩留些似画非画的图痕，我们添补成"画"，再配上一首"诗"。我们一队七个老人，没一人能画。村上有一个能画的小伙子，却又不是闲着没事的，只能趁他有空，请来画几笔。我和女伴儿掇一条长板凳，站在上面，大胆老面皮一同挥笔画了一棵果实累累的大树，表示"丰收"。村里人端详着说："不赖。"这就是很好的鼓励了。天气严寒，捧着砚台、颜色缸的手都冻僵了，可是我们穿街走巷，见一堵平整的墙，就题诗作画，墙上琳琅满目，村子立即成了个"诗画村"。有一幅"送公粮"的画，大约出于那位能画的小伙子之手，我们配上了诗，却捏造不出作者的名字，就借用了一位村干部的大名。我们告诉了那位干部，并指点他看了"诗"、"画"和署名。他喜得满面欢笑，宛如小儿得饼。我才知道不仅文人好名，老农也一个样儿。村里的小学校长命学生把墙上的"诗"抄在红红绿绿的纸上，贴在学校门口，算是他们那学校的成绩。我们有几位老先生认为那是"剽窃"。就算是"剽窃"，不也名正言顺吗！墙上都明写着作者的大名呢！有的村里汇集了几个村的"诗"，印成小册子。上面的顺口溜竟是千篇一律，都是什么"心里亮堂堂"呀，"卫星飞上天"之类。我自己编造的时候，觉得纯出"本店自造"，竟不知是抄袭了人——或者竟是别的村子抄袭了我们？不过这阵风不久就刮过了。

我们串门儿的时候，曾见到有几家的条桌上摆着一只钟，罩在玻璃罩下。可是一般人家都没有钟表。如要开会，说明八点开，至早要等到九点或九点半，甚至十点。有一次是在一个较远的礼堂开一个什么报告会。我们准时到会，从七点半直等到近十一点，又累又急又无聊又饿。不记得那次的会是否开成，还是草草走过场的；我怀疑这是否相当于"怠工"的"怠会"。一般学习会在食堂附近开，老乡们在一个多小时里陆续到齐，发言倒也踊跃。老大妈老大爷一个个高声嚷："我说说！"说的全是正确的话，像小学生上课回答教师他学到了什么。如果以为他们的发言反映他们的意见，那就错了。他们不过表示："你教的我明白了。"他们很简单地重复了教导他们的话，不把这句话做成花团锦簇的文章，也不参加自己的什么意见。"怪话"我只听到上文提起的那一次。也许是我"过敏"，觉得语气"不大对头"。我回京谈体会时，如实报导了那几句话，谁也没听出什么"怪话"，只说我下乡对农民有了感情，学他们的话也腔吻毕肖。我常怀疑，我们是否把农民估计得太简单了？

村子附近的山里出黏土，经火一烧，变得很坚硬，和一般泥土烧成的东西不同。黏土值钱，是村民增加收入的大财源。我们曾去参观他们挖掘。肖桂兰带着一群小伙子和大姑娘铲的铲，挖的挖，装在大筐里，背着倒在小车上堆聚一处。我们六个老人（我们的队长好像是有事到北京去了）象征性地帮着搬了几团泥块。这是挂过彩的那位退伍军人请我们去的。他还要款待我们吃饭，我们赶紧饿着肚子溜回自己的食堂。

我们还打算为这个山村写一部村史。可是挂过彩的军人和肖桂兰都是务实派，不善空谈。我的任务是"诱供"，另有几人专司记录。我一心设法哄他们谈过去的事，因此记不得他们谈了些什么。反正"村史"没有写成。

阳历元旦村里过节，虽然不是春节，村里也要演个戏热闹一番。我才知道这么个小小荒村里，也人才济济。嗓子好、扮相好的姑娘多得很。我才了解古代无道君王下乡选美确有道理。

五　整队回京

我们原定下乡三个月，后来减缩成两个月。

阳历年底，村上开始过节。我们不好意思分享老乡们过节的饭食，所以买了两只鸡、两瓶酒送给厨房。我又一次做送礼的"友好使者"，向他们致谢意。那个村子出厨师，专给人家办酒席。他们平时"英雄无用武之地"，这回厨房宰了猪，又加上两只鸡，就做出不少拿手好菜，有的竟是我们从未吃过的。例如把正方形的五花肉，转着切成薄薄的一长条，卷上仍是正方形，炖得稀烂，入口消融。我们连日吃白面馒头和花卷，都是难得的细粮，我们理应回避。这或许也是促成我们早归的原因吧？因为再过一个月就是春节了。

我们回京之前，得各自总结收获，互提意见。意见多半是芝麻绿豆，例如说我不懂民间语言等等，我不甚在意，听完就忘了。但有一句话是我最得意的：队长评语中说我能和老乡们"打成一片"。一位党外的"马列主义老先生"不以为然，说我不过是"婆婆妈妈"而已，并未能与农民在无产阶级的立场上打成一片。他的话也许完全正确。我理论水平低，不会和他理论。但是队长并未取消他的评语。我还是心服有修养的老党员，不爱听"马列老先生"的宏论。我觉得自己和农民之间，没什么打不通的；如果我生在他们村里，我就是他们中间的一个。我下乡前的好奇心，就这样"自以为是"、"自得其乐"地算是满足了。

下乡两个月，大体说来很快活，惟有一个阴影：那就是与家人离散，经常牵心挂肚。我同炕有个相貌端好的女伴，偶逢旁边没别人，她就和我说"悄悄话"。第一次的"悄悄话"是她对我说的。她凑近我低声问：

"你想不想你的老头儿？"

我说："想。你想不想你的老头儿？"

她说："想啊！"

两人相对傻笑；先是自嘲的笑，转而为无可奈何的苦笑。我们眼睛里交换了无限同情。以后，见面彼此笑笑，也成安慰。她是我同炕之友，虽然我们说"悄悄话"的机会不多。

　　默存留在家里的时候，三天来一信，两天来一信，字小行密，总有两三张纸。同伙惟我信多，都取笑我。我贴身衬衣上有两只口袋，丝绵背心上又有两只，每袋至多能容纳四五封信（都是去了信封的，而且只能插入大半，露出小半）。我攒不到二十封信，肚子上左边右边尽是硬邦邦的信，虽未形成大肚皮，弯腰很不方便，信纸不肯弯曲，稀里哗啦地响，还有掉出来的危险。其实这些信谁都读得，既不肉麻，政治上也绝无见不得人的话。可是我经过几次运动，多少有点神经病，觉得文字往往像解放前广告上的"百灵机"，"有意想不到之效力"；一旦发生了这种效力，白纸黑字，百口莫辩。因此我只敢揣在贴身的衣袋里。衣袋里实在装不下了，我只好抽出信藏在提包里。我身上是轻了，心上却重了，结果只好硬硬心肠，信攒多了，就付之一炬。我记得曾在缝纫室的泥地上当着女伴烧过两三次。这是默存一辈子写得最好的情书。用他自己的话："以离思而论，行者每不如居者之笃"，"惆怅独归，其'情'更凄戚于踽凉长往也。"用他翻译洋人的话："离别之惆怅乃专为居者而设"，"此间百凡如故，我仍留而君已去耳。行行生别离，去者不如留者神伤之甚也。"（见《谈艺录》541页）他到了昌黎天天捣粪，仍偷空写信，而嘱我不必回信。我常后悔焚毁了那许多宝贵的信。惟一的安慰是："过得了月半，过不了三十"，即使全璧归家，又怎逃得过丙丁大劫。况且那许多信又不比《曾文正公家书》之类，旨在示范同世，垂训后人，那是专写给我一个人看的。罢了，让火神菩萨为我收藏着吧。

村里和我友情较深的是"蒙娜·丽莎"和她的爸爸。我和女伴同去辞行。"蒙娜·丽莎"挽着大芝子送一程，又一程，末了她附着大芝子的耳朵说了一句话，大芝子学舌说："想着我们哪！"我至今想着他们，还连带想到一个不知谁家的小芝子。

总结完毕，我们山村的小队和稻米之乡的小队一起结队回北京，我和许多同伙挤在一个拖厢里。我们不能像沙丁鱼伸直了身子平躺，站着也不能直立，因为车顶太低，屈的不能伸腰，因为挤得太紧。我坐在一条长凳尽头，身上压满了同伴的大包小包，两腿渐渐发麻，先是像针戳，后来感觉全无，好像两条腿都没有了。大伙挤上车不容易，好半天曲屈着也不易忍耐，黄昏时分，我们终于安抵北京。我们乖乖地受了一番教育，毕业回家了。

一九九一年四月

第二部分　拾

遺

收脚印

　　听说人死了，魂灵儿得把生前的脚印，都给收回去。为了这句话，不知流过多少冷汗。半夜梦醒，想到有鬼在窗外徘徊，汗毛都站起来。其实有什么可怕呢？怕一个孤独的幽魂？

　　假如收脚印，像拣鞋底那样，一只只拣起了，放在口袋里，掮着回去，那末，匆忙的赶完工作，鬼魂就会离开人间。不过，怕不是那样容易。

　　每当夕阳西下，黄昏星闪闪发亮的时候；西山一抹浅绛，渐渐晕成橘红，晕成淡黄，晕成浅湖色……风是凉了，地上的影儿也淡了。幽僻处，树下，墙阴，影儿绰绰的，这就是鬼魂收脚印的时候了。

　　守着一颗颗星，先后睁开倦眼。看一弯淡月，浸透黄昏，流散着水银的光。听着草里虫声，凄凉的叫破了夜的岑寂。人静了，远近的窗里，闪着一星星灯火——于是，乘着晚风，悠悠荡荡在横的、直的、曲折的道路上，徘徊着，徘徊着，从错杂的脚印中，辨认着自己的遗迹。

这小径，曾和谁谈笑着并肩来往过？草还是一样的软。树荫还是幽深的遮盖着，也许树根小砖下，还压着往日襟边的残花。轻笑低语，难道还在草里回绕着么？弯下腰，凑上耳朵——只听得草虫声声的叫，露珠在月光下冷冷的闪烁，风是这样的冷。飘摇不定的转上小桥，淡月一梳，在水里瑟瑟的抖。水草懒懒的歇在岸旁，水底的星影像失眠的眼睛，无精打采的闭上又张开。树影阴森的倒映水面，只有一两只水虫的跳跃，点破水面，静静的晃荡出一两个圆纹。

层层叠叠的脚印，刻画着多少不同的心情。可是捉不住的已往，比星、比月亮都远，只能在水底见到些儿模糊的倒影，好像是很近很近的，可是又这样远啊！

远处飞来几声笑语。一抬头，那边窗里灯光下，晃荡着人影，啊！就这暗淡的几缕光线，隔绝着两个世界么？避着灯光，随着晚风，飘荡着移过重重脚印，风吹草动，沙沙的响，疑是自己的脚声，站定了细细一听，才凄惶的惊悟到自己不会再有脚声了。惆怅地回身四看，周围是夜的黑影，浓淡的黑影。风是冷的，星是冷的，月亮也是冷的，虫声更震抖着凄凉的调子。现在是暗夜里伶仃的孤魂，在衰草冷露间搜集往日的脚印。凄惶啊！惆怅啊！光亮的地方，是闪烁着人生的幻梦么？

灯灭了，人更静了。悄悄地滑过窗下，偷眼看看床，换了位置么？桌上的陈设，变了么？照相架里有自己的影儿么？没有……到处都没有自己的份儿了。就是朋友心里的印象，也淡到快要不可辨认了罢？端详着月光下安静的睡脸，守着，守着……希望她梦里记起自己，叫唤一声。

星儿稀了，月儿斜了。晨曦里，孤寂的幽灵带着他所收集的脚印，幽幽地消失了去。

第二天黄昏后，第三天黄昏后，一夜夜，一夜夜：朦胧的月夜，繁星的夜，雨丝风片的夜，乌云乱叠、狂风怒吼的夜……那没声的脚步，一次次涂抹着生前的脚印。直到那足迹渐渐模糊，渐渐黯淡、消失。于是在晨光未上的一个清早，风带着露水的潮润，在渴睡着的草丛落叶间，低低催唤。这时候，我们这幽魂，已经抹下了末几个脚印，停在路口，撒下他末一次的回顾。远近纵横的大路小路上，还有留剩的脚印么？还有依恋不舍的什么吗？这种依恋的心境，已经没有归着。以前为了留恋着的脚印，夜夜在星月下彷徨，现在只剩下无可流连的空虚，无所归着的忆念。记起的只是一点儿忆念。忆念着的什么，已经轻烟一般的消散了。悄悄长叹一声，好，脚印收完了，上阎王处注册罢。

一九三三年

附记：这是我在朱自清先生班上的第一篇课卷，承朱先生称许，送给《大公报·文艺副刊》，成为我第一篇发表的写作。留志感念。

阴

一棵浓密的树，站在太阳里，像一个深沉的人：面上耀着光，像一脸的高兴，风一吹，叶子一浮动，真像个轻快的笑脸；可是叶子下面，一层暗一层，绿沉沉地郁成了宁静，像在沉思，带些忧郁，带些恬适。松柏的阴最深最密，不过没有梧桐树胡桃树的阴广大。疏疏的杨柳，筛下个疏疏的影子，阴很浅。几茎小草，映着太阳，草上的光和漏下地的光闪耀着，地下是错杂的影子，光和影之间那一点儿绿意，是似有若无的阴。

一根木头，一块石头，在太阳里也撒下个影子。影子和石头木头之间，也有一片阴，可是太小，只见影子，觉不到有阴。墙阴大些，屋阴深些，不像树阴清幽灵活，却也有它的沉静，像一口废井、一潭死水般的静。

山的阴又不同。阳光照向树木石头和起伏的地面，现出浓浓淡淡多少层次的光和影，挟带的阴，随着阳光转动变换形态。山的阴是散漫而繁复的。

烟也有影子，可是太稀薄，没有阴。大晴天，几团浮云会投下几块黑影，但不及有阴，云又过去了。整片的浓云，蒙住了太阳，够点染一天半天的阴，够笼罩整片的地，整片的海，造成漫漫无际的晦霾。不过浓阴不会持久；持久的是漠漠轻阴。好像谁望空撒了一匹轻纱，荡飏在风里，撩拨不开，又捉摸不住，恰似初识愁滋味的少年心情。愁在那里？并不能找出个影儿。

夜，掩没了太阳而造成个大黑影。不见阳光，也就没有阴。黑影渗透了光，化成朦朦胧胧的黎明和黄昏。这是大地的阴，诱发遐思幻想的阴。大白天，每件东西遮着阳光就有个影子，挨着影子都悄悄地怀着一团阴。在日夜交接的微光里，一切阴都笼罩在大地的阴里，蒙上一重神秘。渐渐黑夜来临，树阴、草阴、墙阴、屋阴、山的阴、云的阴，都无从分辨了，夜吞没了所有的阴。

一九三六年

流浪儿

　　古人往往用不同的语言，喻说：人生如寄，天地是万物的逆旅。我自己呢，总觉得我这个人——或我的躯体，是我心神的逆旅。我的形骸，好比屋舍；我的心神，是屋舍的主人。

　　我只是一间非常简陋的小屋，而我往往"魂不守舍"，嫌舍间昏暗逼仄，常悄悄溜出舍外游玩。

　　有时候，我凝敛成一颗石子，潜伏涧底。时光水一般在我身上淌泻而过，我只知身在水中，不觉水流。静止的自己，仿佛在时空之外、无涯无际的大自然里，仅由水面阳光闪烁，或明或暗地照见一个依附于无穷的我。

　　有时候，我放逸得像倾泻的流泉。数不清的时日是我冲洗下的石子。水沫蹦踏飞溅过颗颗石子，轻轻快快、滑滑溜溜地流。河岸束不住，淤泥拉不住，变云变雾，海阔天空，随着大气飘浮。

有时候，我来个"书遁"，一纳头钻入浩瀚无际的书籍世界，好比孙猴儿驾起跟头云，转瞬间到了十万八千里外。我远远地抛开了家，竟忘了自己何在。

但我毕竟是凡胎俗骨，离不开时空，离不开自己。我只能像个流浪儿，倦游归来，还得回家吃饭睡觉。

我钻入闭塞的舍间。经常没人打扫收拾，墙角已结上蛛网，满地已蒙上尘埃，窗户在风里拍打，桌上床上什物凌乱。我觉得自己像一团湿泥，封住在此时此地，只有摔不开的自我，过不去的时日。这个逼仄凌乱的家，简直住不得。

我推门眺望，只见四邻家家户户都忙着把自己的屋宇粉刷、油漆、装潢、扩建呢。一处处门面辉煌，里面回廊复室，一进又一进，引人入胜。我惊奇地远望着，有时也逼近窥看，有时竟挨进门去。大概因为自己只是个"棚户"吧，不免有"酸葡萄"感。一个人不论多么高大，也不过八尺九尺之躯。各自的房舍，料想也大小相应。即使凭弹性能膨胀扩大，出掉了气，原形还是相等。屋里曲折愈多，愈加狭隘；门面愈广，内室就愈浅。况且，屋宇虽然都建筑在结结实实的土地上，不是在水上，不是在流沙上，可是结实的土地也在流动，因为地球在不停地转啊！上午还在太阳的这一边，下午就流到那一边，然后就流入永恒的长夜了。

　　好在我也没有"八面光"的屋宇值得留恋。只不过一间破陋的斗室，经不起时光摧残，早晚会门窗倾欹，不蔽风雨。我等着它白天晒进阳光，夜晚透漏星月的光辉，有什么不好呢！反正我也懒得修葺，回舍吃个半饱，打个盹儿，又悄悄溜到外面去。

四十年代

风

　　为什么天地这般复杂地把风约束在中间？硬的东西把它挡住，软的东西把它牵绕住。不管它怎样猛烈的吹；吹过遮天的山峰，洒脱缭绕的树林，扫过辽阔的海洋，终逃不到天地以外去。或者为此，风一辈子不能平静，和人的感情一样。

　　也许最平静的风，还是拂拂微风。果然纹风不动，不是平静，却是酝酿风暴了。蒸闷的暑天，风重重地把天压低了一半，树梢头的小叶子都沉沉垂着，风一丝不动，可是何曾平静呢？风的力量，已经可以预先觉到，好像蹲伏的猛兽，不在睡觉，正要纵身远跳。只有拂拂微风最平静，没有东西去阻挠它：树叶儿由它撩拨，杨柳顺着它弯腰，花儿草儿都随它俯仰，门里窗里任它出进，轻云附着它浮动，水面被它偎着，也柔和地让它搓揉。随着早晚的温凉、四季的寒暖，一阵微风，像那悠远轻淡的情感，使天地浮现出忧喜不同的颜色。有时候一阵风是这般轻快，这般高兴，顽皮似的一路拍打拨弄。有时候淡淡的带些清愁，有时候润润的带些温柔；有时候亢爽，有时候凄凉。谁说天地无情？它只微微的笑，轻轻的叹息，只许抑制着的风拂拂吹动。因为一放松，天地便主持不住。

　　假如一股流水，嫌两岸缚束太紧，它只要流、流、流，直流到海，便没了边界，便自由了。风呢，除非把它紧紧收束起来，却没法儿解脱它。放松些，让它吹重些吧；树枝儿便拦住不放，脚下一块石子一棵小草都横着身子伸着臂膀来阻挡。窗嫌小，门嫌狭，都挤不过去。墙把它遮住，房子把它罩住。但是风顾得这些么？沙石不妨带着走，树叶儿可以卷个光，墙可以推倒，房子可以掀翻。再吹重些，树木可以拔掉，山石可以吹塌，可以卷起大浪，把大块土地吞没，可以把房屋城堡一股脑儿扫个干净。听它狂嗥狞笑怒吼哀号一般，愈是阻挡它，愈是发狂一般推撞过去。谁还能管它么？地下的泥沙吹在半天，天上的云压近了地，太阳没了光辉，地上没了颜色，直要把天地捣毁，恢复那不分天地的混沌。

　　不过风究竟不能掀翻一角青天，撞将出去。不管怎样猛烈，毕竟闷在小小一个天地中间。吹吧，只能像海底起伏鼓动着的那股力量，掀起一浪，又被压伏下去。风就是这般压在天底下，吹着吹着，只把地面吹成了一片凌乱，自己照旧是不得自由。末了，像盛怒到极点，不能再怒，化成恹恹的烦闷懊恼；像悲哀到极点，转成绵绵幽恨；狂欢到极点，变为凄凉；失望到极点，成了淡漠。风尽情闹到极点，也乏了。不论是严冷的风，蒸热的风，不论是哀号的风，怒叫的风，到末了，渐渐儿微弱下去，剩几声悠长的叹气，便没了声音，好像风都吹完了。

但是风哪里就吹完了呢。只要听平静的时候，夜晚黄昏，往往有几声低吁，像安命的老人，无可奈何的叹息。风究竟还不肯驯伏。或者就为此吧，天地把风这般紧紧的约束着。

四十年代

喝　茶

　　曾听人讲洋话，说西洋人喝茶，把茶叶加水煮沸，滤去茶汁，单吃茶叶，吃了咂舌道："好是好，可惜苦些。"新近看到一本美国人做的茶考，原来这是事实。 茶叶初到英国，英国人不知怎么吃法，的确吃茶叶渣子，还拌些黄油和盐，敷在面包上同吃。什么妙味，简直不敢尝试。以后他们把茶当药，治伤风，清肠胃。不久，喝茶之风大行，一六六〇年的茶叶广告上说："这刺激品，能驱疲倦，除噩梦，使肢体轻健，精神饱满。尤能克制睡眠，好学者可以彻夜攻读不倦。身体肥胖或食肉过多者，饮茶尤宜。"莱登大学的庞德戈博士（Dr Cornelius Bontekoe）应东印度公司之请，替茶大做广告，说茶"暖胃，清神，健脑，助长学问，尤能征服人类大敌——睡魔"。他们的怕睡，正和现代人的怕失眠差不多。怎么从前的睡魔，爱缠住人不放；现代的睡魔，学会了摆架子，请他也不肯光临。传说，茶原是达摩祖师发愿面壁参禅，九年不睡，天把茶赏赐给他帮他偿愿的。胡峤《饮茶诗》："沾牙旧姓余甘氏，破睡当封不夜侯。"汤况《森伯颂》："方饮而森然严乎齿牙，既久而四肢森然。"可证中外古人对于茶的功效，所见略同。只是茶味的"余甘"，不是喝牛奶红茶者所能领略的。

浓茶搀上牛奶和糖，香洌不减，而解除了茶的苦涩，成为液体的食料，不但解渴，还能疗饥。不知古人茶中加上姜盐，究竟什么风味。卢同一气喝上七碗的茶，想来是叶少水多，冲淡了的。诗人柯立治的儿子，也是一位诗人，他喝茶论壶不论杯。约翰生博士也是有名的大茶量。不过他们喝的都是甘腴的茶汤。若是苦涩的浓茶，就不宜大口喝，最配细细品。照《红楼梦》中妙玉的论喝茶，一杯为品，二杯即是解渴的蠢物。那么喝茶不为解渴，只在辨味。细味那苦涩中一点回甘。记不起哪一位英国作家说过，"文艺女神带着酒味"，"茶只能产生散文"。而咱们中国诗，酒味茶香，兼而有之，"诗清只为饮茶多"。也许这点苦涩，正是茶中诗味。

法国人不爱喝茶。巴尔扎克喝茶，一定要加白兰地。《清异录》载符昭远不喜茶，说："此物面目严冷，了无和美之态，

可谓冷面草。"茶中加酒，使有"和美之态"吧？美国人不讲究喝茶，北美独立战争的导火线，不是为了茶叶税么？因为要抵制英国人专利的茶叶进口，美国人把几种树叶，炮制成茶叶的代用品。至今他们茶室里，顾客们吃冰淇淋喝咖啡和别的混合饮料，内行人不要茶；要来的茶，也只是英国人所谓"迷昏了头的水"（bewitched water）而已。好些美国留学生讲卫生不喝茶，只喝白开水，说是茶有毒素。代用品茶叶中该没有茶毒。不过对于这种茶，很可以毫无留恋地戒绝。

伏尔泰的医生曾劝他戒咖啡，因为"咖啡含有毒素，只是那毒性发作得很慢"。伏尔泰笑说："对啊，所以我喝了七十年，还没毒死。"唐宣宗时，东都进一僧，年百三十岁，宣宗问服何药，对曰，"臣少也贱，素不知药，惟嗜茶"。因赐名茶五十斤。看来茶的毒素，比咖啡的毒素发作得更要慢些。爱喝茶的，不妨多多喝吧。

四十年代

听话的艺术

假如说话有艺术，听话当然也有艺术。说话是创造，听话是批评。说话目的在表现，听话目的在了解与欣赏。不会说话的人往往会听说话，正好比古今多少诗人文人所鄙薄的批评家——自己不能创作，或者创作失败，便摇身一变而为批评大师，恰像倒运的窃贼，改行做了捕快。英国十八世纪小诗人显斯顿（Shenstone）说："失败的诗人往往成为愠怒的批评家，正如劣酒能变好醋。"可是这里既无严肃的批判，又非尖刻的攻击，只求了解与欣赏。若要比批评，只算浪漫派印象派的批评。

听话包括三步：听、了解与欣赏。听话不像阅读能自由选择。话不投机，不能把对方两片嘴唇当作书面一般啪的合上，把书推开了事。我们可以"听而不闻"，效法对付嚣张的厌物的办法："装上排门，一无表示"，自己出神也好，入定也好。不过这办法有不便处，譬如搬是弄非的人，便可以根据"不否认便是默认"的原则，把排门后面的弱者加以利用。或者"不听不闻"更妥当些。从前有一位教士训儿子为人之道："当了客人，不可以哼歌曲，不要弹指头，不要脚尖拍地——这种行为表示不在意。"但是这种行为正不妨偶一借用，于是出其不意，把说话转换一个方向。当然，听话而要逗自己的脾气，又要不得罪人，需要很高的艺术。可是我们如要把自己磨揉得海绵一般，能尽量收受，就需要更高的修养。因为听话的时候，咱们的自我往往像按在盒里的弹簧人儿（Jack in the box），忽然会"哇"的探出头来叫一声"我受不了你"。要把它制服，只怕千锤百炼也是徒然。除非听话的目的不为了解与欣赏，而另有作用。十九世纪英国诗人台勒爵士（Sir Henry Taylor）也是一位行政能员，他在谈成功秘诀的《政治家》（*The Statesman*）一书中说："不论'塞壬'（Siren）的歌声多么悦耳，总不如倾听的耳朵更能取悦'塞壬'的心魂。"成功而得意的人大概早就发现了这个诀窍。并且还有许多"塞壬"喜欢自居童话中的好女孩，一开口便有珍珠宝石纷纷乱滚。倾听的耳朵来不及接受，得双手高擎起盘子来收取——珍重地把文字的珠玑镶嵌在笔记本里，那么"好女孩"一定还有更大的施与。这种人的话并不必认真听，不听更好，只消凝神倾耳；也不需了解，只需摆出一副欣悦钦服的神态，便很足够。假如已经听见、了解，而生怕透露心中真情，不妨装出一副笨木如猪的表情，"塞壬"的心魂也不会过于苛求。

听人说话，最好效陶渊明读书，不求甚解。若要细加注释，未免琐细。不过，不求甚解，总该懂得大意。如果自己未得真谛，反一笔抹煞，认为一切说话都是吹牛拍马撒谎造谣，那就忘却了说话根本是艺术，并非柴米油盐类的日用必需品。责怪人家说话不真实，等于责怪一篇小说不是构自事实，一幅图画不如照相准确。说话之用譬如衣服，一方面遮掩身体，一方面衬托显露身上某几个部分。我们绝不谴责衣服掩饰真情，歪曲事实。假如赤条条一丝不挂，反惹人骇怪了。难道一个人的自我比一个人的身体更多自然美？

谁都知道艺术品的真实并不指符合实事。亚里士多德早说过：诗的真实不是史实。大概天生诗人比历史家多。（诗人，我依照希腊字原义，指创造者。）而最普遍的创造是说话。夫子"述而不作"，又何尝述而不作！不过我们看戏听故事或赏鉴其他艺术品，只求"诗的真实"（Poetic truth），虽然明知是假，甘愿信以为真。珂立支（Coleridge）所谓："姑妄听之"（Willing suspense of disbelief）。听话的时候恰恰相反："诗的真实"不能满足我们，我们渴要知道的是事实。这种心情，恰和珂立支所说的相反，可叫做"宁可不信"（Unwilling suspense of belief）。同时我们总借用亚里士多德"必然与可能"（The inevitable and probable）的原则来推定事实真相。举几个简单的例。假如一位女士叹恨着说："唉，我这一头头发真麻烦，恨不得天生是秃子。"谁信以为真呢！依照"可能与必然"，推知她一定自知有一头好头发。假如有人说："某人拉我帮他忙，某机关又不肯放，真叫人为难。"他大概正在向某人钻营，而某机关的位置在动摇，可能他钻营尚未成功，认真在为难。假如某要人代表他负责的机关当众辟谣，我们依照"必然与可能"的原则，恍然道："哦！看来确有其事！"假如一个人过火的大吹大擂，他必定是对自己有所不足，很可能他把自己也哄骗在内，自己说过几遍的话，便信以为真。假如一个人当面称诶，那更需违反心愿，宁可不信。他当然在尽交际的责任，说对方期待的话；很可能他看透了你意中的自己。假如一个人背后太热心的称赞一个无足称赞的人，可能是最精巧的诌媚，准备拐几个弯再送达那位被赞的人，比面谀更入耳洽心；也可能是上文那位教士训儿子对付冤家的好办法——过火的称赞，能激起人家反感；也可能是借吹捧这人，来贬低那人。

听话而如此逐句细解，真要做到"水至清则无鱼"了。我们很不必过分精明。虽然人人说话，能说话的人和其他艺术家一般罕有。辞令巧妙，只使我们钦慕"作者"的艺术，而拙劣的言辞，却使我们喜爱了"作者"自己。

说话的艺术愈高，愈增强我们的"宁可不信"，使我们怀疑，甚至恐惧。笨拙的话，像亚当夏娃遮掩下身的几片树叶，只表示他们的自惭形秽，愿在天使面前掩饰丑陋。譬如小孩子的虚伪，哄大人给东西吃，假意问一声"这是什么？可以吃么？"使人失笑，却也得人爱怜。譬如逢到蛤蟆般渺小的人，把自己吹得牛一般大，我们不免同情怜悯，希望他天生就有牛一般大，免得他如此费力。逢到笨拙的谄媚，至少可以知道，他在表示要好。老实的骂人，往往只为表示自己如何贤德，并无多少恶意。一个人行为高尚，品性伟大，能使人敬慕，而他的弱点偏得人爱。乖巧的人曾说："你若要得人爱，少显露你的美德，多显露你的过失。"又说："人情从不原谅一个无需原谅的人。"凭这点人情来体会听说话时的心理，尤为合适。

我们钦佩羡慕巧妙的言辞，而言辞笨拙的人，却获得我们的同情和喜爱。大概说话究竟是凡人的艺术，而说话的人是上帝的创造。

四十年代

窗　帘

人不怕挤。尽管摩肩接踵，大家也挤不到一处。像壳里的仁，各自各。像太阳光里飞舞的轻尘，各自各。凭你多热闹的地方，窗对着窗，各自人家，彼此不相干。只要挂上一个窗帘，只要拉过那薄薄一层，便把别人家隔离在千万里以外了。

隔离，不是断绝。窗帘并不堵没窗户，只在彼此间增加些距离——欺哄人招引人的距离。窗帘并不盖没窗户，只隐约遮掩——多么引诱挑逗的遮掩！所以，赤裸裸的窗口不引人注意，而一角掀动的窗帘，惹人窥探猜测，生出无限兴趣。

赤裸裸，可以表示天真朴素。不过，如把天真朴素做了窗帘的质料，做了窗帘的颜色，一个洁白素净的帘子，堆叠着透明的软纱，在风里飘曳，这种朴素，只怕比五颜六色更富有魅力。认真要赤裸裸不加遮饰，除非有希腊神像那样完美的身体，有天使般纯洁的灵魂。培根（Bacon）说过："赤裸裸是不体面的；不论是赤露的身体，或赤露的心。"人从乐园里驱逐出来的时候，已经体味到这句话了。

所以赤裸裸的真实总需要些掩饰。白昼的阳光，无情地照彻了人间万物，不能留下些幽暗让人迷惑，让人梦想，让人希望。如果没有轻云薄雾把日光筛漏出五色霞彩来，天空该多么单调枯燥！

隐约模糊中，才容许你做梦和想象。距离增添了神秘。看不见边际，变为没边没际的遥远与辽阔。云雾中的山水，暗夜的星辰，希望中的未来，高超的理想，仰慕的名人，心许的"相知"，——隔着窗帘，惝恍迷离，可以产生无限美妙的想象。如果你嫌恶窗帘的间隔，冒冒失失闯进门、闯到窗帘后面去看个究竟，赤裸裸的真实只怕并不经看。像丁尼生（Tennyson）诗里的"夏洛特女郎"（The Lady of Shalott），看厌了镜中反映的世界，三步跑到窗前，望一望真实世界。她的镜子立即破裂成两半，她毁灭了以前快乐而无知的自己。

人家挂着窗帘呢，别去窥望。宁可自己也挂上一个，华丽的也好，朴素的也好。如果你不屑挂，或懒得挂，不妨就敞着个赤裸裸的窗口。不过，你总得尊重别人家的窗帘。

四十年代

《傅译传记五种》代序

我先要向读者道歉，我实在没有资格写这篇序。因为我对于这几部传记的作者以及传记里的人物，毫无研究；也缺乏分别精华和糟粕的能力，不会自信地指出该吸收什么、摈弃什么。但傅敏要我为他爸爸所译的传记作序。我出于对傅雷的友谊，没有推辞。这里，我只简约地介绍这五种传记，并介绍我所认识的这位译者。

传记五种，作者只三人。

《夏洛外传》里的夏洛，是虚构的人物——电影明星卓别林的艺术创造。夏洛是一个追寻理想的流浪者；他的手杖代表尊严，胡须表示骄傲，一对破靴象征人世间沉重的烦恼。有一位早期达达派作者以小说的体裁、童话的情趣，写了这部幻想人物的传。译者在他所处的那个"哭笑不得的时代"，介绍了这么一个令人笑、更令人哭的人物，同时也介绍了卓别林的艺术。①

《贝多芬传》、《弥开朗琪罗传》、《托尔斯泰传》同出罗曼·罗兰之手。传记里的三人，虽然一是音乐家，一是雕塑家兼画家，一是小说家，各有自己的园地，三部传记都着重记载伟大的天才，在人生忧患困顿的征途上，为寻求真理和正义，为创造能表现真、善、美的不朽杰作，献出了毕生精力。他们或由病痛的折磨，或由遭遇的悲惨，或由内心的惶惑矛盾，或三者交叠加于一身，深重的苦恼，几乎窒息了呼吸，毁灭了理智。他们所以能坚持自己艰苦的历程，全靠他们对人类的爱、对人类的信心。贝多芬供大家享乐的音乐，是他"用痛苦换来的欢乐"。弥开朗琪罗留给后世的不朽杰作，是他一生血泪的凝聚。托尔斯泰在他的小说里，描述了万千生灵的渺小与伟大，描述了他们的痛苦和痛苦中得到的和谐，借以播送爱的种子，传达自己的信仰："一切不是为了自己，而是为了上帝生存的人"；"当一切人都实现了幸福的时候，尘世才能有幸福存在。"罗曼·罗兰把这三位伟大的天才称为"英雄"。他所

---

① 参看《夏洛外传》卷头语及译者序。

谓英雄，不是通常所称道的英雄人物。那种人凭借强力，在虚荣或个人野心的驱策下，能为人类酿造巨大的灾害。罗曼·罗兰所指的英雄，只不过是"人类的忠仆"，只因为具有伟大的品格；他们之所以伟大，是因为能倾心为公众服务。

罗曼·罗兰认为在这个腐朽的社会上、鄙俗的环境里，稍有理想而不甘于庸庸碌碌的人，日常都在和周围的压力抗争。但他们彼此间隔，不能互相呼应，互相安慰和支援。他要向一切为真理、为正义奋斗的志士发一声喊："我们在斗争中不是孤军！"他要打破时代的间隔和国界的间隔——当然，他也泯灭了阶级的间隔，号召"英雄"们汲取前辈"英雄"的勇力，结成一支共同奋斗的队伍。①

《伏尔泰传》的情调，和以上三部传记不同。作者莫洛亚说，伏尔泰"一生全是热烈轻快的节奏"。但伏尔泰观察过人类的生活；他自己也生活过、奋斗过、受过苦，并看到旁人受苦。他认为这个世界是疯狂而残酷的，人的智慧却很有限；可是他主张每个人应当有所作为，干他力所能及的事。"一切都是不良的，但一切都可改善"。他为了卫护真理和正义，打击愚

————————

① 以上两节的引文，都出于《傅译传记五种》的本文和原序。

蠢和懦怯，常不顾个人利害，奋起斗争。他那些轰轰烈烈的作为，很能振奋人心。①

读了这五种传记，见到了传记里的人物，对他们的作品能加深理解和鉴赏的能力，同时对传记的作者也会有所认识，不必我喋喋多言。可是传记的译者呢，除了偶一流露他翻译这几部传记的意念，始终隐而不见。而这五部传记的译文里，渗透着译者的思想感情。他辅助传记作者"打开窗子"，让我们都来"呼吸英雄气息"。我想，读者或许也愿意见见我们的译者傅雷吧？

傅雷广交游。他的朋友如楼适夷、柯灵等同志，已经发表了纪念他的文章。我只凭自己的一点认识，在别人遗留的空白上添补几笔。

抗战末期、胜利前夕，钱锺书和我在宋淇先生家初次会见傅雷和朱梅馥夫妇。我们和傅雷家住得很近，晚饭后经常到他家去夜谈。那时候知识分子在沦陷的上海，日子不好过，真不知"长夜漫漫何时旦"。但我们还年轻，有的是希望和信心，只待熬过黎明前的黑暗，就想看到云开日出。我们和其他朋友

---

① 参看伏尔泰《刚第特》和传记本文。

聚在傅雷家朴素幽雅的客厅里各抒己见，也好比开开窗子，通通空气，破一破日常生活里的沉闷苦恼。到如今，每回顾那一段灰黯的岁月，就会记起傅雷家的夜谈。

说起傅雷，总不免说到他的严肃。其实他并不是一味板着脸的人。我闭上眼，最先浮现在眼前的，却是个含笑的傅雷。他两手捧着个烟斗，待要放到嘴里去抽，又拿出来，眼里是笑，嘴边是笑，满脸是笑。这也许因为我在他家客厅里、坐在他对面的时候，他听着锺书说话，经常是这副笑容。傅雷只是不轻易笑；可是他笑的时候，好像在品尝自己的笑，觉得津津有味。

也许锺书是惟一敢当众打趣他的人。他家另一位常客是陈西禾同志。一次锺书为某一件事打趣傅雷，西禾急得满面尴尬，直向锺书递眼色；事后他犹有余悸，怪锺书"胡闹"。可是傅雷并没有发火。他带几分不好意思，随着大家笑了；傅雷还是有幽默的。

傅雷的严肃确是严肃到十分，表现了一个地道的傅雷。他自己可以笑，他的笑脸只许朋友看。在他的孩子面前，他是个不折不扣的严父。阿聪、阿敏那时候还是一对小顽童，只想赖在客厅里听大人说话。大人说的话，也许孩子不宜听，因为他们的理解不同。傅雷严格禁止他们旁听。有一次，客厅里谈得热闹，阵阵笑声，傅雷自己也正笑得高兴。忽然他灵机一动，蹑足走到通往楼梯的门旁，把门一开，只见门后哥哥弟弟背着脸并坐在门槛后面的台阶上，正缩着脖子笑呢。傅雷一声呵斥，两个孩子在登登咚咚一阵凌乱的脚步声里逃跑上楼。梅馥忙也赶了上去。在傅雷前，她是抢先去责骂儿子；在儿子前，她却是挡了爸爸的盛怒，自己温言告诫。等他们俩回来，客厅里渐渐回复了当初的气氛。但过了一会，在笑声中，傅雷又突然过去开那扇门，阿聪、阿敏依然鬼头鬼脑并坐原处偷听。这回傅雷可冒火了，梅馥也起不了中和作用。只听得傅雷厉声呵喝，夹杂着梅馥的调解和责怪；一个孩子想是哭了，另一个还想为自己辩白。我们谁也不敢劝一声，只装作不闻不知，坐着扯淡。傅雷回客厅来，脸都气青了。梅馥抱歉地为客人换上热茶，大家又坐了一会儿辞出，不免叹口气："唉，傅雷就是这样！"

阿聪前年回国探亲，锺书正在国外访问。阿聪对我说："啊呀！我们真爱听钱伯伯说话呀！"去年他到我家来，不复是顽童偷听，而是做座上客"听钱伯伯说话"，高兴得哈哈大笑。可是他立即记起他严厉的爸爸，凄然回忆往事，慨叹说：

"唉——那时候——我们就爱听钱伯伯说话。"他当然知道爸爸打他狠，正因为爱他深。他告诉我："爸爸打得我真痛啊!"梅馥曾为此对我落泪，又说阿聪的脾气和爸爸有相似之处。她也告诉我傅雷的妈妈怎样批评傅雷。性情急躁是不由自主的，感情冲动下的所作所为，沉静下来会自己责怪，又增添自己的苦痛。梅馥不怨傅雷的脾气，只为此怜他而为他担忧; 更因为阿聪和爸爸脾气有点儿相似，她既不愿看到儿子拂逆爸爸，也为儿子的前途担忧。"文化大革命"开始时，阿聪从海外好不容易和家里挂通了长途电话。阿聪只叫得一声"姆妈"，妈妈只叫得一声"阿聪"，彼此失声痛哭，到哽咽着勉强能说话的时候，电话早断了。这是母子末一次通话——话，尽在不言中，因为梅馥深知傅雷的性格，已经看到他们夫妇难逃的命运。

有人说傅雷"孤傲如云间鹤"; 傅雷却不止一次在锺书和我面前自比为"墙洞里的小老鼠"——是否因为莫洛亚曾把伏尔泰比作"一头躲在窟中的野兔"呢? 傅雷的自比，乍听未免滑稽。梅馥称傅雷为"老傅"; 我回家常和锺书讲究: 那是"老傅"还是"老虎"，因为据他们的乡音，"傅"和"虎"没有分别，而我觉得傅雷在家里有点儿老虎似的。他却自比为"小老鼠"! 但傅雷这话不是矫情，也不是谦虚。我想他只是道出了自己的真实心情。他对所有的朋友都一片至诚。但众多的朋友里，难免夹杂些不够朋友的人。误会、偏见、忌刻、骄矜，会造成人事上无数矛盾和倾轧。傅雷曾告诉我们：某某"朋友"昨天还在他家吃饭，今天却在报纸上骂他。这种事不止一遭。傅雷讲起的时候，虽然眼睛里带些气愤，嘴角上挂着讥消，总不免感叹人心叵测、世情险恶，觉得自己老实得可怜，孤弱得无以自卫。他满头棱角，动不动会触犯人；又加脾气急躁，制不住要冲撞人。他知道自己不善在世途上圆转周旋，他可以安身的"洞穴"，只是自己的书斋；他也像老鼠那样，只在洞口窥望外面的大世界。他并不像天上的鹤，翘首云外，不屑顾视地下的泥淖。傅雷对国计民生念念不忘，可是他也许遵循《刚第特》的教训吧？只潜身书斋，做他的翻译工作。

傅雷爱吃硬饭。他的性格也像硬米粒儿那样僵硬、干爽；软和懦不是他的美德，他全让给梅馥了。朋友们爱说傅雷固执，可是我也看到了他的固而不执，有时候竟是很随和的。他有事和锺书商量，尽管讨论得很热烈，他并不固执。他和周煦良同志合办《新语》，尽管这种事锺书毫无经验，他也不摈弃外行的意见。他有些朋友（包括我们俩）批评他不让阿聪进学校会使孩子脱离群众，不善适应社会。傅雷从谏如流，就把阿聪送入中学读书。锺书建议他临什么字帖，他就临什么字帖；锺书忽然发兴用草书抄笔记，他也高兴地学起十七帖来，并用草书抄稿子。

解放后，我们夫妇到清华大学任教。傅雷全家从昆明由海道回上海，道过天津。傅雷到北京来探望了陈叔通、马叙伦二老，就和梅馥同到我们家来盘桓三四天。当时我们另一位亡友吴晗同志想留傅雷在清华教授法语，央我们夫妇做说客。但傅雷不愿教法语，只愿教美术史。从前在上海的时候，我们曾经陪傅雷招待一个法国朋友，锺书注意到傅雷名片背面的一行法文：Critique d' Art（美术批评家）。他对美术批评始终很有兴趣。可是清华当时不开这门课，而傅雷对教学并不热心。尽管他们夫妇对清华园颇有留恋，我们也私心窃愿他们能留下，傅雷决计仍回上海，干他的翻译工作。

我只看到傅雷和锺书闹过一次别扭。一九五四年在北京召开翻译工作会议，傅雷未能到会，只提了一份书面意见，讨论翻译问题。讨论翻译，必须举出实例，才能说明问题。傅雷信手拈来，举出许多谬误的例句；他大概忘了例句都有主人。他显然也没料到这份意见书会大量印发给翻译者参考；他拈出例句，就好比挑出人家的错来示众了。这就触怒了许多人，都大骂傅雷狂傲；有一位老翻译家竟气得大哭。平心说，把西方文字译成中文，至少也是一项极繁琐的工作。译者尽管认真仔细，也不免挂一漏万；译文里的谬误，好比猫狗身上的跳蚤，很难捉拿净尽。假如傅雷打头先挑自己的错作引子，或者挑自己几个错作陪，人家也许会心悦诚服。假如傅雷事先和朋友商谈一下，准会想得周到些。当时他和我们两地间隔，读到锺书责备他的信，气呼呼地对我们沉默了一段时间，但不久就又回复书信来往。

傅雷的认真，也和他的严肃一样，常表现出一个十足地道的傅雷。有一次他称赞我的翻译。我不过偶尔翻译了一篇极短的散文，译得也并不好，所以我只当傅雷是照例敷衍，也照例谦逊一句，傅雷怫然忍耐了一分钟，然后沉着脸发作道："杨绛，你知道吗？我的称赞是不容易的。"我当时颇像顽童听到校长错误的称赞，既不敢笑，也不敢指出他的错误。可是我实在很感激他对一个刚试笔翻译的人如此认真看待。而且只有自己虚怀若谷，才会过高地估计别人。

傅雷对于翻译工作无限认真，不懈地虚心求进。只要看他翻译的这传记五种，一部胜似一部。《夏洛外传》是最早的一部。《贝多芬传》虽然动笔最早，却是十年后重译的，译笔和初译显然不同。他经常写信和我们讲究翻译上的问题，具体问题都用红笔清清楚楚录下原文。这许多信可惜都已毁了。傅雷从不自满——对工作认真，对自己就感到不满。他从没有自以为达到了他所悬的翻译标准。他曾自苦译笔呆滞，问我们怎样使译文生动活泼。他说熟读了老舍的小说，还是未能解决问题。我们以为熟读一家还不够，建议再多读几家。傅雷怅然，叹恨没许多时间看书。有人爱说他狂傲，他们实在是没见到他虚心的一面。

　　一九六三年我因妹妹杨必生病，到上海探望。朋友中我只拜访了傅雷夫妇。梅馥告诉我她两个孩子的近况；傅雷很有兴趣地和我谈论些翻译上的问题。有个问题常在我心上而没谈。我最厌恶翻译的名字佶屈聱牙，而且和原文的字音并不相近，曾想大胆创新，把洋名一概中国化，历史地理上的专门名字也加简缩，另作"引得"或加注。我和傅雷谈过，他说"不行"。我也知道这样有许多不便，可是还想听他谈谈如何"不行"。六四年我又到上海接妹妹到北京休养，来去匆匆，竟未及拜访傅雷和梅馥。"别时容易见时难"，我年轻时只看作李后主的伤心话，不料竟是人世的常情。

　　我很羡慕傅雷的书斋，因为书斋的布置，对他的工作具备一切方便。经常要用的工具书，伸手就够得到，不用站起身。转动的圆架上，摊着几种大字典。沿墙的书橱里，排列着满满的书可供参考。书架顶上一个镜框里是一张很美的梅馥的照片。另有一张傅雷年轻时的照片，是他当年赠给梅馥的。他称呼梅馥的名字是法文的玛格丽特；据傅雷说，那是歌德《浮士德》里的玛格丽特。几人有幸娶得自己的玛格丽特呢！梅馥不仅是温柔的妻子、慈爱的母亲、沙龙里的漂亮夫人，不仅是非常能干的主妇，一身承担了大大小小、里里外外的杂务，让傅雷专心工作，她还是傅雷的秘书，为他做卡片，抄稿子，接待不速之客。傅雷如果没有这样的好后勤、好助手，他的工作至少也得打三四成折扣吧？

　　傅雷翻译这几部传记的时候，是在"阴霾遮蔽整个天空的时期"。他要借伟人克服苦难的壮烈悲剧，帮我们担受残酷的命运。他要宣扬坚忍奋斗，敢于向神明挑战的大勇主义。①可是，智慧和信念所点燃的一点光明，敌得过愚昧、褊狭所孕育的黑暗吗？对人类的爱，敌得过人间的仇恨吗？向往真理、正义的理想，敌得过争夺名位权力的现实吗？为善的心愿，敌得

---

　　①　参看傅雷《贝多芬传》译者序。

过作恶的力量吗？傅雷连同他忠实的伴侣，竟被残暴的浪潮冲倒、淹没。可是谁又能怪傅雷呢。他这番遭遇，对于这几部传记里所宣扬的人道主义和奋斗精神，该说是残酷的讽刺。但现在这五部传记的重版，又标志着一种新的胜利吧？读者也许会得到更新的启示与鼓励。傅雷已作古人，人死不能复生，可是被遗忘的、被埋没的，还会重新被人记忆起来，发掘出来。

一九八〇年十一月

"天上一日，人间一年"*
——在塞万提斯纪念会上的发言

我今天有幸，能来参加塞万提斯逝世三百六十六周年报告会。我忍不住要学桑丘·潘沙的样说一句成语。我们中国人有句老话："天上一日，人间一年"——就是说，天上的日子愉快，一眨眼就是一天，而人世艰苦，日子不那么好过。我们一年有三百六十五天或三百六十六天。在我们人世，塞万提斯去世已三百六十六年，可是他在天上只过了三百六十六天，恰好整整一年。今天可以算是他逝世的"一周年"。我们今年今日

  ＊ 1982年4月23日我国对外文委、西班牙驻华大使馆和北京大学西语系联合举办纪念塞万提斯逝世三百六十六周年报告会，本文系作者在这个报告会上的发言。

纪念他，最恰当不过。

塞万提斯说他自己"与其说多才，不如说多灾"（más versa-do en desdichas que en versos）。尽管他的《堂吉诃德》广受读者欢迎，当时文坛上还是没有他的地位。他一生没有受到重视。我们到现在只知道他在一五四七年十月九日受洗礼，而不知道他的生日；只知道他一六一六年四月二十三日去世，而不知道他的坟墓所在。我们看到的几幅画像是真是假，有很多争论。我最近读到新出版的权威著作《西班牙文学史》上说，那些画像全是假的。有一幅画像，一九一〇年以来一直认为是塞万提斯的真容，挂在西班牙国家学院的大厅里，现在证明那也是假的。惟一可靠的画像，是塞万提斯在《模范故事》（Novelas ejemplares）的前言里对他自己的写真；① 我们只能从这段文字里想象他的模样。可是三百六十六年过去了，我们非但没有忘记他，也忘不了他，而且更热切地要求对他有更深、更透的了解。因为塞万提斯虽已离开人间，他头脑里诞生的儿

---

① 阿尔博格（Juan Luis Alborg）著《西班牙文学史》（Historia de la literatura Española）（1981 年马德里版）第 2 册 34 页。塞万提斯形容自己的那段文字见本文附录。

子堂吉诃德骑着他那匹瘦弱的"驽骍难得"却马不停蹄，这多少年来已走遍了全世界，受到全世界的重视。

塞万提斯早在一六一五年告诉我们，中国的大皇帝急着要他把堂吉诃德送往中国，因为中国要建立一所教西班牙语文的学院，用堂吉诃德的故事作课本，还请塞万提斯做那个学院的院长。可惜我们中国的大皇帝太糊涂，忘了送他旅费。塞万提斯因此没来做咱们中国西班牙语学院的院长。但是他的堂吉诃德是最忠诚的骑士，一九七八年知道西班牙国王和王后要来中国访问，就抢先赶到中国来迎接国王和王后陛下。这是真事，我和塞万提斯一样没有撒谎。我给叙述堂吉诃德故事的那位摩尔人阿默德·贝南黑利先生补习了中文，又尽力教堂吉诃德和桑丘说中国话。可惜他们没有教我写西班牙文，也没有教我说西班牙语；我至今不会写，也不会说，这是很大的遗憾。

堂吉诃德先生的老乡参孙学士预言，将来每个国家、每种语言，都会有《堂吉诃德》的译本。这句预言已经实现了。当初堂吉诃德听说他的传记印行了一万二千册，已经很得意。可是在我们中国，一版就印了十万册，很快就销完；再版又十万册，也很快销完，还有许多读者要买而买不到。现在第三版将要付印了。世界各国对小说作比较研究的学者，都离不了

《堂吉诃德》。譬如前不久来我国讲学并访问的两位美国哈佛大学比较文学教授勒文（Harry Levin）和吉延（Claudio Guillen），都把《堂吉诃德》作为比较各国小说的中心或主脑。①堂吉诃德知道了，该多么得意呀！

《堂吉诃德》是我非常喜爱的书。我原先并不是一个翻译者。我写过些剧本、散文和短篇小说；翻译是我的练习——练习翻译，也练习写作。近代法国小说家普鲁斯特（Marcel Proust）曾经说过，翻译可以作为写作的练习（le devoir et la tache d'un ecrivain），我翻过西班牙小说《小癞子》（la vida de Lazarillo de Tormes）和法国小说家勒萨日（Le Sage）的《吉尔·布拉斯》（Gil Blas），这两部小说都有一些读者。我的领导对《堂吉诃德》这部举世闻名的杰作十分重视，急要介绍给我国读者，就叫我来翻译。我出于私心爱好，一口应承，竟没有考虑自己是否能够胜任。

把原文的《堂吉诃德》译成中文，远不是堂吉诃德所谓"翻译相近的语言"那么现成，远不是抄写文章那样"抄过来

---

① 例如勒文《比较的根据》（1972）224—243页，甚至提出了"吉诃德原则"。

就是翻译"。我相信，西班牙文和中文的距离，比西班牙文和希腊文、拉丁文的距离还大。塞万提斯本人对翻译不大瞧得起。他借堂吉诃德的嘴说，他"不是轻视翻译；有些职业比这个还糟，赚的钱还少"。他认为一般翻译好比弗兰德斯的花毯翻到背面来看，图样尽管还看得出，却遮着一层底线，正面的光彩都不见了。①译文不免失去原文的光彩，这句话是不错的。再加我们的排印工作，经过"文化大革命"，大大地退步了，外文的拼法和符号上的错误多得改不尽。我只能希望，我们的翻译，还比我们的印刷好一点点吧。

《堂吉诃德》——正像一切原著一样，是惟一的，它的译本却多得数不清。我的翻译是从西班牙文译出的第一个中文本，可是绝不是末一本。将来西班牙和我国的交流会更多，我国对西班牙文学的研究会更有增进，准会有具备条件的翻译者达到更高的水平，更接近塞万提斯所要求的标准，叫读者分不出哪是原作、哪是译本。因为在我们社会主义的新中国，翻译者不必谋利，不必为生活担忧，可以一心一意追求译文的完美，不怕费多少心力、多少时间。这一点，只怕塞万提斯做梦

---

① 《堂吉诃德》中译本下册第62章。

也没有想到。他如果知道，也许会对翻译者改变他那轻蔑的看法吧？

附录

塞万提斯的《模范故事》一六一三年出版，前言里有一段作者对自己的描写。那时候他六十六岁。他形容自己"高鼻型的脸；头发栗色；脑门子光滑而开朗；眼睛灵活；鹰嘴鼻，不过长得很匀称；银白色的胡须，二十年前还是金黄的呢；唇上两撇大胡子；小嘴；牙齿不小也不大，只剩六只了，都已经腐蚀，而且位置不当，没一只配得上对儿；身材适中，不高也不矮；面色红活，皮肤不算黑，该说是白的；背略有些驼，脚步也不大轻健了"。

一九八二年四月

读《柯灵选集》

　　柯灵同志要我为《现代作家选集》里的《柯灵选集》写序文。他不嫌"佛头著秽"，我却不敢冒狂妄之讥，所以擅改题目，写一篇读后心得，表达我的欣赏。

　　和柯灵同志略有交往的人，都会感到他和善诚挚。如果无缘和他深交熟识，读了他的文章，就能看出他的和善诚挚不同一般。他和善，因为处处把自己融合在人民群众之间。他诚挚，因为抱有坚定的信念，指引他为国为民，忠贞不渝。用他自己的话，"人民有不可违拗的意志"，所以他的和善会变成勇猛。而他对自己信念的诚挚，使他在艰苦中也不灰心丧志，能变方换法，为他信奉的理想奋斗。这样的人，聪明不外露而含蕴在内，他并不光芒射人，却能照见别人所看不到的地方。《选集》所收的散文、杂文、小说、理论，都显露出这样一位作者。

且看他的散文吧。有几篇写情写景，情景交融，很有诗意。可是作者并不像杜少陵那样"此身饮罢无归处，独立苍茫自咏诗"，或陆放翁那样"此身合是诗人未，细雨骑驴入剑门"，露出诗人自我欣赏的姿态。他着眼的是浔阳江上夜航讴歌的舟子，为全家老少饥寒温饱或忧或喜的打渔人，傍岸的采菱妇女，或顶风逆浪向暴力拼斗的孤舟。水乡渡口，他看到的是沉默的摆渡老人和来往渡客。田间春天的田园里，他记起童年，想到乡民翻泥锄草时短暂的美梦。他怀念遗事，带些惆怅迷惘之感，可是并非留连过去，而是要冲破陈旧，另开新局。逗留在他记忆里的是那些碌碌终身、默默无闻的艺术家，或筵前卖笑的妓女，戏院里卖糖的孩子。《团圆》里为了救"光脚丫"而成为残废的"小先生"笑得多么甜蜜！《红泪》里受欺压的"小东西"流下的眼泪多么辛酸！跳楼自杀的工人为他发泄了义愤，而抗战结束，一名沉水自杀的日军又为他留下悲悯、悚惧等等复杂的情绪。这都是作者把自己融合在群众中的感受。

他悼念的革命志士，都谦和诚恳，拙于言辞而勇于牺牲性命。他钦佩的翻译家一生耿直勤奋。他心仪的"老水手"，经历了惊风险浪，依然扬帆前进，更教人油然起"虽不能至，心向往之"的企慕。这些文章里都充满了作者坚守不渝的信念。

杂文一组是忧时愤世之作，写出上海沦陷时期的人间地狱，以及在里面鬼混的奴才小丑等。但作者总不忘自己是一名战士，绝不面对残暴的镇压而回避斗争，他敢于打破窒息人的恐怖气氛，发一声喊："我要抗议，我要控诉！"

有人说，柯灵的小说似散文。这大概因为他写得亲切自然，好像随笔记下些身经目击的事，产生一种真实感，叫人忘了那是小说。他的评论文章不作随声附和的判断，而有独到的见地，并流露出他从不卖弄的丰富学识。他是下苦功夫自学成家的，有自发的兴趣，有自辟的道路，基础深厚而结合实际，所以自有胆识。

单从这个集子里选收的文章，就可见作者多才多艺。柯灵同志惯爱抹去自我，深藏若虚，可是他抹不掉自己的才华。随着斗争的需要或生活的逼迫，他的创作层出不穷，而他的文笔对任何形式都得心应手：描摹景物，点染得宜；抒写情感，熨帖入微；叙述故事，生动传神。《柯灵散文选》自序里说，希望炼就"灵动皎洁、清光照人"的文格。读他的文章而能见到他的为人，不就因为他笔下"灵动皎洁、清光照人"吗！

一九八四年七月

塞万提斯的戏言

——为塞万提斯铜像揭幕而作

　　塞万提斯去世前一年（1615）说过几句开玩笑的话。三百七十年后，他的戏言变成了事实。

　　他当年穷愁潦倒，虽然出版了风靡全国的《堂吉诃德》第一部，并未解决生活问题。高雅的文坛上没有他的地位。有人公然欺侮他，擅自出版了《堂吉诃德》续集，书上还骂他是又老又穷的伤残军人。塞万提斯因此急急把《堂吉诃德》第二部赶完，并把这部书献给尊重他而周济他的一位贵人，表示感谢。他在《前言》中庄严地驳斥了侮辱他的人；献词里却只用谈笑的口吻来答谢这位贵人。他说，各地催促着要他把堂吉诃德送去。最急切的是中国大皇帝，竟专差送信，请他到中国去当西班牙语文学院的院长，并把《堂吉诃德》作为课本。可是中国皇帝没想到送他盘费。他又老又病，没有力气走那么迢迢长路。幸好他自有赡养并庇护他的人呢，不希罕做什么学院院长，所以谢绝了中国钦差。

虽然是几句戏言，却不是无因无由。据传，明神宗万历四十年（1612）曾托传教士带给西班牙国王一封信。所以塞万提斯心目中，在那遥远的地方，有个愿和西班牙交往的中国。塞万提斯在《堂吉诃德》第二部里，曾假借一位硕士的话说："这部传记已经出版了一万二千册。预料将来每个国家、每种语言都会有译本。"塞万提斯《献辞》里开玩笑的话，多少也流露了他的一个遥远的希望或梦想：《堂吉诃德》将会有中译本；中国人也将奉他为师。

一九八五年，马德里和北京结为友好城市。一九八六年十月，马德里市长带领代表团，把中国大皇帝请不动的塞万提斯先生伴送到北京大学，同时还携带一批西班牙书籍赠送给大学图书馆。北京市长、北京大学校长带领其他人士郑重迎候。北京大学的校园里筑起一座高台，专等塞万提斯先生大驾光临。

马德里市长先生为塞万提斯铜像揭幕典礼致词，风趣地重述了塞万提斯《献辞》里的那段戏言；因为三四百年前的戏言，如今都到眼前来了。塞万提斯虽然不是到北京来做什么学院的院长，他在中国的地位以及他受到的尊重，远在区区一个院长之上。他的《堂吉诃德》没有用作学习西班牙文的课本，但是从西班牙文翻译的译本，第一版第一次印刷就是十万册，远远超过了他生前自诩的一万二千；过年第二次印刷又是十万册。可见这部书广受读者喜爱，不比教科书只是强迫性读物。

塞万提斯铜像是和真人一般大小的复制铜像，兀立在北京大学校园的树丛中。我看了这尊铜像，不禁记起塞万提斯家乡阿尔加拉的那一尊。那尊铜像立在闹市里，四周是熙熙攘攘的市民，附近就是塞万提斯故居。那是他小时候居住的房子，有上下两层，很矮小，大门也矮。进门是个小小的天井，抬头可见楼上四周狭长的过廊。楼下厨房里还保留着当年的炊具。楼上塞万提斯父母的卧房里铺着小小的双人床。据导游说，那个年代的人，个儿小，所以房子矮小。这话未必可信。难道那个时代只有居住高堂大厦的王公贵人身材魁伟么！看来只因为是寻常百姓家，不免屋浅檐低。孩子长成，就离开老家，出外寻找生路。塞万提斯走出家门，离开家乡的时候，外边的世界可真大呀！他在意大利当兵，在阿尔及尔当了多年俘虏，回国后到处奔走谋生，指望到美洲新大陆找工作，始终没去成。至于中国，还不知在什么天涯地角呢。可是如今的世界，由马德里到北京只不过十几小时的旅程而已。"天涯若比邻",北京和马德里已结为友好城市,塞万提斯也在北京大学清幽的校园里落户了。

一九八六年十月

《洗澡》前言

　　这部小说写解放后知识分子第一次经受的思想改造——当时泛称"三反"，又称"脱裤子，割尾巴"。这些知识分子耳朵娇嫩，听不惯"脱裤子"的说法，因此改称"洗澡"，相当于西洋人所谓"洗脑筋"。

　　写知识分子改造，就得写出他们改造以前的面貌，否则从何改起呢？凭什么要改呢？改了没有呢？

　　我曾见一部木刻的线装书，内有插图，上面许多衣冠齐楚的人拖着毛茸茸的长尾，杂在人群里。大概肉眼看不见尾巴，所以旁人好像不知不觉。我每想起"脱裤子，割尾巴"运动，就联想到那些插图上好多人拖着的尾巴。假如尾巴只生在知识上或思想上，经过漂洗，该是能够清除的。假如生在人身尾部，那就连着背脊和皮肉呢。洗澡即使用酽酽的碱水，能把尾巴洗掉吗？当众洗澡当然得当众脱衣，尾巴却未必有目共睹。洗掉与否，究竟谁有谁无，都不得而知。

小说里的机构和地名纯属虚构，人物和情节却据实捏塑。我掇拾了惯见的嘴脸、皮毛、爪牙、须发，以至尾巴，但绝不擅用"只此一家，严防顶替"的货色。特此郑重声明。

一九八七年十一月

孝顺的厨子

——《堂吉诃德》台湾版译者前言

　　语文的区别，常成为文学作品和读者之间的隔阂。语言文字的隔阂可由翻译打通，例如西班牙语的文学名著《堂吉诃德》译成中文，就能供我们中国人欣赏领略。好比"江上之清风，山间之明月"是人我之"所共适"。这里的"人"指西班牙语言的人，"我"指同说汉语的咱们自己人。台湾和大陆相隔一个海峡，两岸都是一家，无分彼此，何妨"我的就是你的，你的就是我的"呢！

　　翻译是一项苦差使，我曾比之于"一仆二主"。译者同时得伺候两个主子。一个洋主子是原文作品。原文的一句句、一字字都要求依顺，不容违拗，也不得敷衍了事。另一个主子是译本的本国读者。他们要求看到原作的本来面貌，却又得依顺他们的语文习惯。我作为译者，对"洋主子"尽责，只是为了对本国读者尽忠。我对自己译本的读者，恰如俗语所称"孝顺的厨子"，主人越吃得多，或者吃的主人越多，我就越发称心惬意，觉得苦差没有白当，辛苦一场也是值得。现在台湾联经出版公司要出版拙译《堂吉诃德》的精印本，我有缘能为台湾读者当"孝顺厨子"，真是由衷喜悦。

（约一九八八年）

兰姆谈莎士比亚悲剧

　　剧本是为演出的。剧本不上演，只是一本书，不成为戏。可是兰姆（C. Lamb）《谈莎士比亚悲剧》一文里却说，莎士比亚的悲剧不宜上演。兰姆是英国十九世纪名散文家，也是剧评家，对莎士比亚时代的戏剧颇有研究。他这篇文章虽属老派文字，理论却和当代意大利名作家、名戏剧家夏侠（Leonardo Sciascia）有相似处。限于篇幅，我只用自己的话来阐述兰姆的见解。

　　兰姆声明他不是菲薄演员，只是认为莎士比亚的悲剧出类拔萃，演出就不免变质变味。例如哈姆雷特的行为，十之八九是他和自己的道德观念在反复较量。他一人默默寻思，承受不住心上难解的郁结，不免自言自语。他那深重的悲痛，不敢出口的心念，泄漏出来惟恐四壁有耳。可是表演他的演员却得向满戏院的观众，把他心底的秘密大声嚷出来，还力求表达得透彻明白。这个舞台上的哈姆雷特，还能是他的原来的形象吗？哈姆雷特究竟是个迟疑而性情内涵的人呀！又如罗米欧和朱丽叶的情话，奥赛罗和他新婚夫人的密语，由演员朗朗道出，读者从原作里领会的情味也都变了。

大家常说，莎士比亚最自然，人人都能了解。这话对。最自然，因为近人情。但是他的戏扎根于人情深处，深奥得一般人往往不能理解，而不知道自己没有理解。比如奥赛罗吧，他有他的坚强，有他的脆弱，有英勇的自信，也有人情难免的疑虑。于是深挚的爱变为悲愤填膺的恨，造成悲剧。演员所能表演的，一般人所能理解的，只是他那冲动的感情。至于感情底层人性深处的美好与伟大，导致感情变化的隐微曲折，读者能从文字里领会，而演员即使叫破嗓子，至多只能表示感情强烈。感情不论多么强烈，必需出自伟大而崇高的人性，才能构成惊心动魄的悲剧啊！

我们常说莎士比亚对人生观察入微。其实他并不是观察日常所能接触的人。他自己的头脑里蕴藏着完整的人性。他从中创造出有美德、有智慧的形象，一个个浑成自然，面面俱到。我们往往只能见到片面局部。莎士比亚笔下的字间行里，渐次向我们展示全貌，却又使我们误以为自己能由片面局部看到全貌。例如哈姆雷特对他恋人奥斐丽亚的冷酷。他是在装疯，而且在他当时的处境，他出于爱恋，蓄意斩断对方的痴情。可是还有更深的一层。他对奥斐丽亚的爱超出一般。他悲痛中又不能把折磨着自己的秘密向任何人吐露。为此他对自己最心爱的人，不免要放任自己，说些冷酷的话——不是冷酷，全是错乱的话，他心爱的人会感觉到。他的怒，是悲愤装成。他的恨，是爱情拙劣的改扮，好比一个和蔼的脸试图攒眉怒目。我们最初只觉得哈姆雷特虽是装疯，也未免对心爱的人过于粗暴。得把他的话细细咀嚼，才渐次领会支使他这般表现的心情。可是演员朗诵台词的同时，只能演出他冷酷的外表，演不出内里的温情。

又如《李尔王》吧，这个剧本更是演不成的。李尔王爆发的情感像火山喷放。他的内心像巨浪，掀翻、迸裂大海而出露海底以及那里的全部宝藏。我们读这个剧本的时候，眼前没有李尔王的形象，只觉得自己就是他；或者可说，我们是在他心里，感受着他的雄伟壮烈。可是舞台上的李尔王只是个挂着拐棍的孤弱老儿，在暴风雨中跌跌撞撞，只令人恻然悯怜。

又如麦克佩斯谋杀邓肯，我们阅读时关注到有人出于野心勃勃，争求高位，多智多谋，竟逾越了道德的范围。至于杀人，我们想象中可以接受，而看到舞台上有血有肉的人遭杀害，就忍受不下了。

总之，莎士比亚的戏剧如果由十分平庸的剧作者编写，仍由演出莎士比亚戏剧的原班演员表演，舞台上可以同样成功。那么，又何需莎士比亚的智慧和文笔呢？莎士比亚的精髓，演出时不都消失了吗？

夏侠对于小说改电影也提出同类的问题。这多少仍是亚利斯多德的理论：悲剧和演出关系最浅，因为悲剧的力量不靠演出和演员（《诗学》1450）；不同种类的艺术有时相得益彰，有时却未能互相融和，这还是美学上一个有意义的问题。

一九八九年三月

读书苦乐

读书钻研学问，当然得下苦功夫。为应考试、为写论文、为求学位，大概都得苦读。陶渊明好读书。如果他生于当今之世，要去考大学，或考研究院，或考什么"托福儿"，难免会有些困难吧？我只愁他政治经济学不能及格呢，这还不是因为他"不求甚解"。

我曾挨过几下"棍子"，说我读书"追求精神享受"。我当时只好低头认罪。我也承认自己确实不是苦读。不过，"乐在其中"并不等于追求享受。这话可为知者言，不足为外人道也。

我觉得读书好比串门儿——"隐身"的串门儿。要参见钦佩的老师或拜谒有名的学者，不必事前打招呼求见，也不怕搅扰主人。翻开书面就闯进大门，翻过几页就升堂入室；而且可以经常去，时刻去，如果不得要领，还可以不辞而别，或者另找高明，和他对质。不问我们要拜见的主人住在国内国外，不问他属于现代古代，不问他什么专业，不问他讲正经大道理或聊天说笑，都可以挨近前去听个足够。我们可以恭恭敬敬旁听孔门弟子追述夫子遗言，也不妨淘气地笑问"言必称'亦曰仁义而已矣'的孟夫子"，他如果生在我们同一个时代，会不会是一位马列主义老先生呀？我们可以在苏格拉底临刑前守在他身边，听他和一伙朋友谈话；也可以对斯多葛派伊匹克悌忒斯（Epictetus）的《金玉良言》思考怀疑。我们可以倾听前朝列代的遗闻逸事，也可以领教当代最奥妙的创新理论或有意惊人的故作高论。反正话不投机或言不入耳，不妨抽身退场，甚至砰一下推上大门——就是说，啪地合上书面——谁也不会嗔怪。这是书以外的世界里难得的自由！

壶公悬挂的一把壶里，别有天地日月。每一本书——不论小说、戏剧、传记、游记、日记，以至散文诗词，都别有天地，别有日月星辰，而且还有生存其间的人物。我们很不必巴巴地赶赴某地，花钱买门票去看些仿造的赝品或"栩栩如生"的替身，只要翻开一页书，走入真境，遇见真人，就可以亲亲切切地观赏一番。

说什么"欲穷千里目，更上一层楼"！我们连脚底下地球的那一面都看得见，而且顷刻可到。尽管古人把书说成"浩如烟海"，书的世界却真正的"天涯若比邻"，这话绝不是唯心的比拟。世界再大也没有阻隔。佛说"三千大千世界"，可算大极了。书的境地呢，"现在界"还加上"过去界"，也带上"未来界"，实在是包罗万象，贯通三界。而我们却可以足不出户，在这里随意阅历，随时拜师求教。谁说读书人目光短浅，不通人情，不关心世事呢！这里可得到丰富的经历，可认识各时各地、多种多样的人。经常在书里"串门儿"，至少也可以脱去几分愚昧，多长几个心眼儿吧？我们看到道貌岸然、满口豪言壮语的大人先生，不必气馁胆怯，因为他们本人家里尽管没开放门户，没让人闯入，他们的亲友家我们总到过，自会认识他们虚架子后面的真嘴脸。一次我乘汽车驰过巴黎塞纳河上宏伟的大桥，我看到了栖息在大桥底下那群捡垃圾为生、盖报纸取暖的穷苦人。不是我眼睛能拐弯儿，只因为我曾到那个地带去串过门儿啊。

可惜我们"串门儿"时"隐"而犹存的"身"，毕竟只是凡胎俗骨。我们没有如来佛的慧眼，把人世间几千年积累的智慧一览无余，只好时刻记住庄子"生也有涯而知也无涯"的名言。我们只是朝生暮死的虫豸（还不是孙大圣毫毛变成的虫儿），钻入书中世界，这边爬爬，那边停停，有时遇到心仪的人，听到惬意的话，或者对心上悬挂的问题偶有所得，就好比开了心窍，乐以忘言。这个"乐"和"追求享受"该不是一回事吧？

一九八九年

《堂吉诃德》译余琐掇

一 "焦黄脸儿"

明代天启癸亥（1623）年，耶稣会的意大利神父艾儒略（Pere Giulio Aleni）用中国文言撰写了《职方外纪》，记述"绝域风土"。[①]书上许多西方人名、地名，以及没有同义字的官职和学科的名称，都用音译，读来很费猜测。例如讲到西班

---

① 《四库全书总目提要》卷七十一："《职方外纪》五卷，明西洋人艾儒略撰。其书成于天启癸亥，自序谓'利氏赍进《万国图志》，庞氏奉命翻译，儒略更增补以成之'。盖因利玛窦、宠迪我旧本润色之，不尽儒略自作也。所记皆绝域风土，为自古舆图所不载，故曰《职方外纪》……所述多奇异不可究诘，似不免多所夸饰。然天地之大，何所不有；录而存之，亦足以广异闻也。"

牙的一节："国人极好学，有共学在撒辣蔓加与亚尔加辣二所，远近学者聚焉。高人辈出，著作甚富，而陟禄日亚与天文之学尤精。古一名贤，曰多斯达笃者，居俾斯玻之位，著书最多，寿仅五旬有二。所著书籍，就始生至卒计之，每日当得三十六章，每章二千余言，尽属奥理。后人绘彼像，两手各执一笔，章其勤敏也。"两所"共学"想必指撒拉曼加（Salamanca）和阿尔加拉（Alcala）两所大学。可是"陟禄日亚"和"俾斯玻"的原文是什么呢？从出生到死，每日撰写七万多字的"名贤"又是谁呢？

　　我记起堂吉诃德曾说到一个人名很像"多斯达笃"。果然在《堂吉诃德》第二册第三章里找到一位托斯达多（el Tostado）；顺藤摸瓜，考证出他是阿维拉（Avila）主教堂阿朗索·李贝拉·台·马德里加尔（Don Alonso Ribera de Madrigal）（1400？—1455）。原来"俾斯玻"就是主教（obispo）的译音，"陟禄日亚"是神学（teología）的译音。据说此人生平著作有对开页的十五大本。他能使盲人也见到光明。堂吉诃德所说的这位多产作家，显然就是《职方外纪》里那位著作等身的"名贤"了。在我国，托斯达多的名气远不如堂吉诃德，要不是堂吉诃德提到他，读者也许很难考出他究竟是谁。

　　"托斯达多"是绰号，我不译音而译意，译作"焦黄脸儿"。可是他为什么绰号"焦黄脸儿"，我无从查考，总觉不放心。

　　去年十一月，我随社会科学院代表团到西班牙访问。旅店的早餐桌上，备有各式面包的盘里，照例有两片焦黄松脆的面包干，封在玻璃纸里，纸上印有"Pan tostado"二字。我想"焦黄脸儿"的颜色，大概就是这种焦黄色。可是西班牙人的肤色一般是白的，不是焦黄色。

　　我们游览托雷多古城的时候，承市政府盛情招待，派了一位专为外国元首来访时做导游的人为我们讲解。他讲得非常清楚，有问必答。我们参观大教堂，旁边一间屋里陈列历任主教的像。我问："阿维拉主教的像也在这里吗？"他说："不，在阿维拉呢。这里只有托雷多的主教。"我问起阿维拉主教托斯达多。他立即告诉我，托斯达多的著作叠起来有他本人一样高，这个绰号通常用来称呼多产作家。又说，这位主教血统里混有吉卜赛人的血，面色焦黄，所以绰号"焦黄脸儿"。我得知"焦黄脸儿"的缘由，出乎意外地高兴。"焦黄脸儿"（"多斯达笃"）是我国文献里最早出现的西班牙作家。 我们也许不熟悉他的著作，可是西班牙文学史上都提到过这位作家和他的绰号。①

二　塞万提斯的三封信

我们访问塞维利亚的时候，参观了印第安总档案馆（Archivo general de Indias），②看见陈列的塞万提斯亲笔信一页。馆长特将原件复制一份赠我留存。那是一五九〇年塞万提斯呈送国王斐利普二世的申请书，自陈曾为国家效力，想在美洲殖民地谋个官职，那里还有三四个空缺呢。这封信提交塞维利亚管理印第安事务的办公室处理，搁置多年。后世发现了这个文件，存入档案馆。原件是手写稿，字迹不易辨认，不过可以看到塞万提斯的亲笔签名。

我在英国访问的时候，偷得一周多时间在大英博物馆阅览些国内看不到的书籍和稿本，无意间看到塞万提斯谋求美洲官职的另一封信。那是阿尔维瑞斯·德兰女士（Concepcion

---

①　例如狄艾斯·博尔盖（Jose María Díez Borque）主编的《西班牙文学史》（1980 年马德里版）第 1 册 189，207—208，517 页；阿尔博格（J. L. Alborg）《西班牙文学史》（1981 年马德里版）第 1 册 341，365 页。

②　"印第安"原文 Indias，指南北美洲。

Alverez Terán）从西曼加斯总档案馆（Archivo General de Si-
mancas）发现而抄录的，由阿梅素阿（Agustín de Amezúa）加
以标点，一九五四年在西班牙皇家学院公报（*Boletín del Real
Academia Española*）（马德里）第三十四册上发表，题目是
《最新发现而首次刊出的塞万提斯书信一件》（*Una carta
deseonocida e inédita de Cervantes*）。当时权威性的有关塞万提斯
的文献提要上没提到这封信。据阿尔维瑞斯·德兰女士考证，
信尾确是塞万提斯的签名，只是少了他平日常用的第二个姓氏
萨阿维德拉（Saavedra）。这封信早于前信八年，是一五八二
年二月十七日塞万提斯从马德里寄往里斯本，给印第安事务大
臣安东尼欧·台·艾拉索（Antonio de Eraso）的。西班牙刚征
服葡萄牙，这位大臣随国王斐利普二世同在里斯本。原信
如下：

　　大人阁下：

　　　　瓦尔马塞达（Valmaseda）秘书长已经把有关我向您
干求的事通知我。您的帮忙和我的营谋都抵不过我的厄
运，这个职位皇上已经取消，只好再等邮船的消息，瞧是
否另有空缺。据瓦尔马塞达先生说，目前己经无缺可

补——我确实知道他曾为我打听过。敬请大人向为我出力的各位代致谢意；这无非向您表明，我不是一个不知感激的人。

我正继续撰写前曾向您说起的《伽拉苔亚》（*Galatea*），写成当呈上请教。敬祝身体健康，事业顺利。

米盖尔·台·塞万提斯

一五八二年二月十七日于马德里

塞万提斯究竟谋求什么职位，信上没有说明。《伽拉苔亚》何年撰写是个有争议的问题。一说一五七五年以前已经动笔，[①] 一说写于一五八二至一五八三年，一说写于一五八一至一五八三年。这部牧歌体的传奇一五八五年三月出版，献辞里提到他父亲刚去世。那是在一五八四年八月一日。阿梅素阿根据这封信考订，认为《伽拉苔亚》写于一五八一至一五八四年。

一八六三年西班牙文献目录公报（*Boletín bibliográfico espa-ñola*）第九期发现过塞万提斯一封更早的亲笔信，是他在阿尔

---

① 塞万提斯 1575 年被俘，在阿尔及尔五年半，1580 年获释回国。

及尔做俘虏的第二年写给西班牙国务大臣马特奥·瓦斯盖斯（Mateo Vazquez）的诗简——八十首三行诗，加一首四行诗。信上追忆雷邦多战役的胜利、他所乘的战艇被俘并描述他的同伙俘虏所遭受的残暴的虐待。信末呼吁国王解救前后陷落虏营的二万名西班牙基督徒。这封信写得非常动人，塞万提斯大概指望斐利普二世会亲眼看到这封信。可是国王并没看到。这封信是后世从论斤出卖的废纸里发现的。塞万提斯想必料到这封信已如石沉大海，他一五八五年出版的戏剧《在阿尔及尔的遭遇》（*El Trato de Argel*）第一幕采用了这封信末最后的六十七行。

　　塞万提斯一生困顿不遇，这是大家都知道的，也许并不需要以上三信来作证明。假如他如愿以偿，做了美洲殖民地的官员，他还写不写《堂吉诃德》呢？

出版说明

　　《杂忆与杂写》为杨绛先生的散文名作，由作者于一九九一年将不同时期忆旧怀人的长短文章汇集一册，一九九二年由花城出版社初版，一九九四年在增加了七篇文章后由三联书店再版。二〇〇四年人民文学出版社将其收入《杨绛文集》的"散文卷"（抽出其中十一篇文章另编入他卷），二〇〇九年重版的《杨绛文集》（四卷本）中，《杂忆与杂写》在编排和篇目上做了大幅度调整，收入了作者"近些年来新发现和新创作的杂忆与杂写文章多篇"，三联书店二〇〇九年平装本《杂忆与杂写》（增订版）在编排和篇目上即以此版为底本。

　　本次再版，征得作者同意，收录近几年的多篇新作及以前漏收的几篇序文和几封书信，并以编年为原则重新排序。因篇幅的原因，以初版编辑时间一九九一年为界一分为二：《杂忆与杂写：一九三三——一九九一》，基本恢复三联一九九四年版原貌，只是增加了几篇当时漏收的文章，作者"自序"一仍其旧；《杂忆与杂写：一九九二—二〇一三》，则收录了近二十年间作者的各类回忆性散文、杂论、序文和书信。二〇一一年，杨绛先生百岁诞辰，《文汇报·笔会》曾对她做长篇访谈，是为《坐在人生边上》。这篇文字至为重要，征得杨绛先生许可，作为本书的"代前言"。

生活·读书·新知三联书店

二〇一四年十月

561号

18920634857 手机

18920942863 蔡

兄亚 5和 13522546996

18700807397

李唤咪 李政平 02085280399